エドワード・ハーバート自伝

──ルイ十三世時代の武闘派 英国大使の半生──

エドワード・ハーバート 著
山根 正弘 訳

朝日出版社

凡例

書名

一　本書は、十七世紀イギリスの外交官にして詩人・歴史家・哲学者・神学者、またリュートの手稿譜を編むエドワード・ハーバート（初代チャーベリーのハーバート卿エドワード）による半生の翻訳である。タイトルを自叙伝ではなく自伝とした。この訳語を選んだ経緯については、解説の「書名について」を参照。

底本と諸版

一　底本には、歴史家シドニー・リー（編者）による一八八六年の初版を改訂した第二版（一九〇六年版）を採用した。Sidney Lee (ed.), *The Autobiography of Edward, Lord Herbert of Cherbury*, 2nd revd. edn. (London: Routledge, 1906). ただし、編者による続編の伝記は割愛した。

二　底本にない箇所は、異本 J.M. Shuttleworth (ed.), *The Life of Lord Herbert of Cherbury* (London: Oxford University Press, 1976) を使用した。

三　本自伝の執筆時期は一六四三年頃だが、出版されたのは一七六四年。初版のリプリント版（ホレス・ウォルポール編）を参照した。Horace Walpole (ed.), *Autobiography of Edward Lord Herbert of Cherbury, with The History of England under Henry VIII*, Kessinger rpt. edn. (1764; rpt. London: Alexander Murray, 1870).

四　十九世紀パリで出版されたフランス語訳を適宜参照した。*Mémoires de Édouard Lord Herbert de Cherbury*, trans. Charles de Baillon (1862; rpt. Kindle 版).

五　二十世紀文学研究者・文芸評論家Ｃ・Ｈ・ハートフォード編集で、ホレス・ウォルター・ブレイによる木版画を収録した私蔵版を参照した。*The Autobiography of Edward, Lord Herbert of Cherbury*, ed. C.H. Herford (Newton, Montgomery: Gregynog Press, 1928).

訳文中の括弧の使い方について、特に断りがない限り

一　引用箇所、詩のタイトルや成句などは、「　」で示した。

二　書名は、『　』で示した。

三　著者による原注は、（　）で示した。

四　訳者による補足的な付加および短い説明は、［　］で示した。

五　訳者による長めの説明は訳注（後注）とし、本文の右脇にアラビヤ数字を（　）内に入れ示した。

六　底本にはない異本に散在する箇所は、〔　〕で示した

段落分け・小見出しについて

一　現代人の感覚なら段落を分けて然るべき箇所が散見される。だが、原著の趣を尊重し、底本のシドニー・リー版に従った。なお、底本には、頁の上部（柱）に、本文の内容に沿って推定の年号が記載されている。本訳書では、訳者の恣意で、著者が訪れた地名や、小見出しを付け加えた。

ラテン語および外国語の表記について、

一　ラテン語のイタリック体は、書名以外、「　」で示した。

二　ラテン語の書名は、慣例に従い『　』で示した。

三　フランス語は親文字の右側に、圏点で小さい黒丸（例えば、フルーレ）を施した。

四　イタリア語は親文字の右側に、圏点でゴマ（例えば、天使とならん）を施した。

五　スペイン語は親文字の右側に、圏点で小さい白丸（例えば、儀礼のため）を施した。

固有名詞について

一　人名や地名など固有名詞については、慣例に従った。古代ギリシアの哲学者は、プレイトーではなくプラトン。華の都は、パリスではなくパリなど。ただ、日本で一般化していないものについては、原語に近い音に似せてカタカナ表記とした。国や地域により言い方が違う場合、片方を［　］あるいは／で示した。ジュリアーズ［ユーリヒ］やエリザベス／エリザベートなど。

二　特に、原著者の父方の郷里ウェールズの地名に関して、日本でも知られている州や都市などはウェールズ語に由来するものであっても、英語的な読み方を採用した。ただ、村落名については、地元の発音に近いカタカナ表記にした。

暦について

一　訳文中の日付は、旧式（ユリウス暦）による。ただし、年のはじめは、三月二十五日ではなく、一月一日を採用した。よって、大陸でグレゴリウス暦の国とは十日のずれがある。

目次

信じて疑わぬことがある。父祖がその生涯を記し我ら子孫に遺していれば、父祖たちは我らと生まれながらにして持つ気質や気象が同じで、おそらくあまり異なった人生を送ることがなく、それら父祖のことを知るに足る諸々の文書は、我ら末裔の薫育に資するところ大であったと確信をもって言える。それとともに父や祖父そして曾祖父が子孫のために披瀝した所見があれば、世間の規則や範例よりもさらにもっと人生の指針として役立つことは間違いない。というのも、巷の決まりや手本は、我が血筋にことごとく当てはまるとは限らないからだ。したがって、父祖が私人であり一生をかけ子供たちや使用人や借地人それに親戚縁者や近隣の者と付き合うのに必要な教訓しか遺さなくとも、あるいは公人として生涯を大学や法律の研究および宮廷や陣営に費やしたとしても、いずれにしても彼らご先祖様の跡取りは他の如何なるものにもまして恩恵に浴したに違いない。こういう次第で、私自身の人生を子孫に伝えるのが至極当然だと思った。これから行なう話で、ありのままの姿を包み隠さずさらけ出せば、子孫にも役立つと思われる。人生を語るに際して、真心を以て嘘偽りなく記すことを明言する。なぜなら、これまでも他人を騙し虚言《うそ》をつくのを忌み嫌ってきたし、しかも身近な身内に話して聞かせる責務から虚言はためらわれるから。我が齢は六十の坂を越え、これが筆を執る理由のひとつであるなら、前非を悔い改められるようにこれまでの所業を振り返り、その善し悪しを吟味するのもよかろう。そうすれば神と和解ができ、広大無辺なお慈悲のお蔭で、良心や美徳それに名誉の鑑に照らし、為してきたことに自ら慰めも得られよう。だが、自身の人生を総決算するまえに、父祖についてその記録が信頼に足る何らかの方法で私のもとに伝わっており、先に幾分か述べる必要がある。けれど、あまり多くは語れない。なぜかというと、祖父が亡くなったのは私がようやく八歳になったばかりの時であり、それから四年するかしないうちに父が天に召されたからである。しかも、残りの人生は郷里を離れて暮らしており、父祖の行跡が余すところなく私の耳に届いているとは限らず、それらすべてを語ることなど到底できない。したがって、父祖の生涯のうち、よく知られていて疑いようのない事跡に限って事実を述べるにとどめよう。

父は郷士リチャード・ハーバート、祖父は郷士エドワード・ハーバート、曾祖父は士爵サー・リチャード・ハーバートである。曾祖父は、［ウェールズの南東部］モンマスシア［州］はコールブルック［コールドブルック］のサー・リチャード・ハーバートの次男で、これらご先祖様のなかでは語るネタがあまりない。まず、父について思い出せることといえば、父方全員に当てはまるようだが、黒髪で顎髭《あごひげ》を蓄え、男らしくて少し近寄りがたい風貌をしていたことだ。しかし、それでいて眉目秀麗で四肢がよく引き締まっており、とても勇敢であった。それを示す武勇伝が残っている。本来であれば法廷に出頭するのを拒む連中を取り押さえて縄打っていたはずだが、まさにその捕り物の只中、父はスラネルヴァルの教会墓地で非道にも大勢の者に襲われた。多勢に無勢で襲撃者すべてから身を護るに際して、ジョン・アプ・ハウウェル・コアベットただひとりの加勢を得て敵対者どもを追いかけた。するとある悪党が背後に忍び寄り、仲間の肩越しに鉈《なた》で後頭部を斬りつけた。父は抗う術もなく地面に倒れ込んだ。頭の「脳軟膜」まで切れ込みが入っていたが、意識を取り戻すと、敵対者が逃げ去るのを見届け、スリッシンの館まで歩いて帰った。快復したあと、その人物の教唆で悪事が行なわれたと覚しき一族の長《おさ》に一騎討ちの果たし状を叩きつけた。しかし、首謀者は自分がやらせたわけではないと一貫して容疑を否認、身の証をたてると申し出た。その間、父に傷を負わせた下手人はアイルランドに落ち延び、二度と戻ってくることはなかった。父はその手の事件でさらさら訴える気はなかった。先述の刀傷にもかかわらず健康と体力とを取り戻し、里暮らしで従来どおり鍛錬を積み、幾人も子を儲けた。父は祖父もかつて任官したことのある州副統監や治安判事、それに「州筆頭治安判事」に就任した。それらの要職にある時の高潔さについては、今でも記憶に新しいが、敵すら父に法廷を開いてくれるよう求め、敵もあらゆる機会に正義を見出したという。父の学識については、母国語だけではなくラテン語にも通じ、さらに歴史にも造詣が深かった。

祖父の人生は波瀾万丈であった。始まりは宮廷であったが、そこで資産の大半を使い果たすと軍人となり、フランスのサン・クエンティン［サン＝カンタン］包囲［一五五七年、西仏間のイタリア戦争の重要な局面、イギリスはメアリー一世の夫フェリペ二世のため巻き込まれる」のとき剣で身を立て勇名を馳せた。そして国王エドワード六世と女王メアリーの治世に勃発した北方の合戦や謀反のとき、首尾よく役目を果たし昇進して帰ってきたばかりか、莫大な富と財産を築いた。それを元手に不動産を手に入れたが、そのほとんどすべての土地が私に伝わっている。曾祖母レディ・アン・ハーバートの名で作成された証書から明らかで、皆様にもご覧いただけるが、曾祖母が購入したなにがしかの土地も私に遺されているのも事実だ。でも、実はもっとあったが、祖父が若気の至りで適正価格より安く売却したのだった。祖父の許しがあれば、父が買い戻していたはずだ。祖父は当時、無法者や泥棒にとって不倶戴天の敵と恐れられた。奴らは［ウェールズの中部］モントゴメリーシア［州］の山々で徒党を組み強盗を働き、その制圧のため祖父が昼夜兼行して奴らの巣窟へ出向いたものだ。様々に詳しい話を聞いているが、ただひとつを述べるにとどめる。無法者どもがスランディナムの丘陵に店を構える酒場に屯《たむろ》しており、祖父が使用人数名を連れ奴らを捕らえるべく乗り込んだところ、山賊の頭《かしら》が祖父に向けて矢を放つと、馬の鞍頭に突き刺さった。それで祖父は剣を手にとり、頭のところに駈け寄り、奴を虜にした。先述の矢を示し、己が所業を見させた。それに対し奴は智恵を絞り、もっと威力のある弓を家に置いてきて残念だ。それならおまえの身体にぶち込めたのにと言うのが関の山で、裁判にかけられ報いを受けた。祖父の権勢は地元では絶大で、今ではモントゴメリーシアで名門となっている数々の氏族は、それらの父祖が我が祖父に仕え出世したものだ。祖父はまた人を歓待することに大きな歓びを感じたという。食事の度に手に入る最高の食べ物を、これまた長い食卓に並べて二度も準備させたほどで、大家《たいけ》というに相応しい。当時地元で鳥が飛び立つ姿を目にすれば、鳥よ、どこへ飛ぼうとも降り立つ先はブラックホールの館とよく言われたものだった。平屋だが広大な敷地で、祖父が一代で築き上げた。それより前は、曾祖父と祖父はモントゴメリー城で暮らしていた。普請《ふしん》に多大な費用を投じたにもかかわらず、子供たちを立派に育て上げた。娘たちは盟友にして地元の名士に嫁がせ、次三男も大学に行かせた。そのひとりマシューは学業を終えると低地帯［ネーデルラント］の戦に出かけ、しばらくそこで過ごした。その後、戻ってきてからはドルギオグの村里に引っ込み、祖父より譲り受けた屋敷で安楽な生活を送った。もうひとりの息子チャールズも、同様に低地帯でしばらく過ごしたあと帰国し、跡目を継ぐ権利を有する女性と結婚した。チャールズの長男で勲爵士のサー・エドワード・ハーバートは法務長官である。(1) さらにもうひとりの息子ジョージはオクスフォードのニュー・コレッジ出身で、とても学識があり信仰に篤かったが、人生の半ばに水腫病で命を落とした。祖父は先述の如く、ことあるごとに惜しげもなくお金を使ったにもかかわらず、大量の土地を購入した。それも不正に、あるいは、因業なやり方で取得したことはない。このことは、私が何度も代官を通じて、あくどい手口を使って、あるいは、極悪非道なやり方で土地を譲渡させられた者があれば、代金の一部を払って示談にする、あるいは元の持ち主に返却するとのお触れを国中に広く出したが、未だかつてこの手の訴えをする者は一人たりともない、という事実からも裏書きされよう。祖父は八十歳ぐらいで亡くなり、モントゴメリー教会に埋葬された。父には立派な墓が建てられたが、祖父の菩提を弔う墓はない。

曾祖父サー・リチャード・ハーバートは、国王ヘンリー八世の御代、王室家政長官であった。北ウェールズや東ウェールズそして［ウェールズ西部］カーディガンシア［州］の辺境領主となり、軍法で軍規の違反者を処刑する権限が与えられた。その権限を行使する際、曾祖父は私利私欲に曇らぬ鑑と輝き、そのことはホワイトホール宮の文書庫に保管された記録からも明らかである。自著へンリー八世史で、曾祖父の事績の一部に触れたことがある。(2) それ以外のことについては、あまり言うべき事がないものの、叛逆者や泥棒それに無法者を厳しく取り締まったが、それでいて仁愛の名判官であった。一方、わたくしの計らいに終始し虎の威を借る狐にそのような権限が委ねられたら、一財産を為したであろう。だが、曾祖父はその父から譲り受けたもの以外は、ほとんど何も子孫には遺さなかった。曾祖父は同じくモントゴメリー教会に永眠している。内陣にあるふたつの墓のうち、奥のものが曾祖父のために建てられた墓である。

曾々祖父コールブルックのサー・リチャード・ハーバートは、天下の豪傑であった。（［エドワード・〕ホールや〔リチャード・〕グラフトンの史書にあるとおり）戦斧《いくさおの》を手に持ち、たったひとりで、しかも二度も北方軍の荒くれ者の間に割って入り致命傷を負わずに帰還したほどだ。その勇姿は、アマディス・デ・ガウラや日輪の騎士〔ともにスペイン騎士道の精華〕よりも立派であったという(3)。先の戦〔バラ戦争の一環〕が行なわれたバンベリー、つまりエッジコートの戦場における武勇伝はさておき、信頼できる筋から得た曾々祖父にまつわる言い伝えを述べよう。そのひとつはこうだ。当該のサー・リチャード・ハーバートが兄の〔(旧）初代〕ペンブルック伯ウィリアム・ハーバートと一緒に仕官して北ウェールズの謀反を鎮圧しに出かけた際、〔ウェールズ北西部〕メリオネスシア〔州〕のハーレフに籠城する叛逆者の首領を攻囲した。この城を守る武将は、かつて対仏戦争で功を為した軍人であった。その武将は包囲されると、次のように豪語した。フランスで長らく城を守り続け、そのお蔭でウェールズの老婦人たちの間で取り沙汰されたものだ。此度もまた、このハーレフの城を長らく守れるのであれば、フランスの老婦人たちの間で噂話に花が咲くことになろうと。実際、その城は兵糧責め以外では難攻不落であり、サー・リチャード・ハーバートはやむを得ず和議によって彼を捕らえた。投降する条件は命の保証であった。合意に達し、武将をイギリス国王エドワード四世の御前に連れ出した。それというのも、命乞いのためその武将が長らく堅持していた要衝の根城を明け渡したのだから、国王は慈悲を以て不問に付すに相違ないと思ったからだ。しかし、陛下より賜った命は、朕には如何なる者にも恩赦を与える権限は賦与されておらず、ゆえに陳情が済むと武将を評定所に無事に送り届けるようにという御沙汰であった。サー・リチャード・ハーバートの返答はこうだ。まだ武将のために最善を尽くしておりません。よって、ふたつのうちどちらか一方をお選び下さいますよう、どうかお願い申し上げます。つまり、武将を元の城に連れ戻し別の人物の指揮のもと事を一からやり直させるか、あるいは、その意思が陛下におありでなければ、武将の代わりに某《それがし》の命をお取り下さいと。サー・リチャード・ハーバートが武将の命を救うのにできる精一杯捨て身の証であった。陛下は、これほどまで切に懇願されて、やむなく武将の命をサー・リチャード・ハーバートに預けたが、それと同時に、この度のご奉公に対する褒美はご破算にされた。もうひとつの逸話はこうだ。サー・リチャード・ハーバートが兄のペンブルック伯と［ウェールズ北西部の］アングルシー［島］に赴き、そこで数々の殺戮や極悪非道を働いた七兄弟を捕縛したおり、ペンブルック伯は邪悪な血筋を根絶やしにするのが適当であると考え、全員を縛り首にするよう命じた。すると賊の女親がペンブルック伯のもとを訪れ跪《ひざまず》き慈悲にすがった。先述の倅七人のうち二人、あるいは、せめてひとりだけでもお助けあそばせ。そう命乞いをするとともに、残りの兄弟は罰を受け晒し首になってもやむを得ませんと。サー・リチャード・ハーバートは慈母の肩を持ったが、伯爵はその懇願にほだされず、一蓮托生からひとり残らず成敗するよう命じた。そのことで外道の母はひどく悲しみ、（逸話の語るところによれば）一対の羊毛製の数珠をそれぞれの腕にかけ跪いたまま、伯爵に呪《のろ》いをかけた[4]。干戈《かんか》を交える次の戦で最悪の災厄が降りかかりますようにと。この後、伯爵は弟のサー・リチャード・ハーバートと先述のエッジコートの戦場に赴いた。そこで戦列を整えると、弟が悲しげに、あるいは物憂げな表情を浮かべて、最前線で戦斧に寄り掛かっていた。それを見た伯爵は、「弟よ、雲を衝くような大男のお前（というのも軍隊のだれより頭ひとつ頭抜けていた）が憂鬱症に冒され、木偶《でく》の坊になってしまったのか。あるいは、このように戦斧に寄り掛かるほど進軍に疲れたのか」と詰め寄った。サー・リチャード・ハーバートが答えて言うには、「そのどちらでもありません。じきにその証がご覧いただけましょう。私はただ、羊毛の数珠で母御がかけた呪詛が兄に災いするのではないかと、ただただ兄上の身が案じられます。」このサー・リチャード・ハーバートは、［南ウェールズの］アバガヴェニーで当時としては立派な墓に埋葬され、その墓は今もたたずむ。その一方、兄のペンブルック伯は［グウェント州、ワイ川の畔］ティンタン・アベイに埋葬されたが、その墓は教会堂とともに今では全体が破損し廃墟となっている。このペンブルック伯には次三男をはじめ娘たちが何人もいるが、そのうちのひとりがウスター伯の長男と結婚した。［当該の娘はエリザベスで、（旧）第二代ペンブルック伯の長男の娘。結婚相手の男性チャールズ・サマセット（後の初代ウスター伯）も、サマセット公ヘンリー・ボーフォートの庶子であって嫡男ではない］

その人物はある旧家の嫡男からラグランドの名城と年額数千ポンドの揚がりを掠め取った。その旧家の嫡男とは、何を隠そう、ペンブルック伯の次男［サー・ジョージ・ハーバート］で、私が後に結婚することになる跡継ぎ娘を有するサン・ジュリアン［ズ］家の父祖である。私の縁談話はしかるべきところでする。このペンブルック伯とサー・リチャード・ハーバートの次三男がそれぞれ子孫を遺し、私自身と妻とが人として生まれ両家が再統合されたことは、とてもめでたいことだ。さらに、前述の史書にあるとおり、あのペンブルック伯とサー・リチャード・ハーバートとが先述の戦でエドワード四世の大義名分のため［王位継承を擁護して］捕虜となったとき、我が弟の命を奪うなら命乞いをせず、とペンブルック伯が豪語したことは記憶にとどめ置くべきことだ。［史実によると、一四六九年七月二十八（三十）日、エッジコートの戦で兄弟もろとも斬首された］したがって、両家の統合ゆえに、子子孫孫未来永劫に友誼と友愛の義務がある。というのも、このふたりの兄弟によって、刎頸《ふんけい》の交わりの手本が両家に示されたといえるから。

私の母はマグダレン・ニューポートといい、サー・リチャード・ニューポートとその妻マーガレットの娘である。祖母のマーガレットは、国王ヘンリー八世の御代、枢密院の顧問官のひとりで王の遺言執行者であったサー・トマス・ブロムリーの娘にして家督を相続する権利を有していた。祖母マーガレットは夫に先立たれたあと、子孫に貯えを遺すことを旨とするとともに、毎日私的・公的な祈禱に倦まず弛まず献身的に励むなど、神への比類なき篤き信仰と子供たちへの愛情とを見事に体現した人物であった。しかも、(広大であった)領地を祖母が与えたいと思う人物に譲渡できたが、再婚もせず慎ましく暮らし続け、娘たちすべてに十分な持参金を持たせ近隣の名家に嫁がせたあと、所領の管理をすべて長男のフランシスに委ねた。祖母はまた、古今東西に類を見ないほど長年にわたり、品数豊富な豪勢な食事で人々を歓待した。食べ物をふんだんに振舞い励ましの言葉をかける慈善は、長男のサー・フランシス・ニューポートが引き継いでいる。その上、祖母は正餐のあとは常に、足しげく通う大勢の貧窮民一人ひとりに、必要に応じて相応の金額を施しとして自らの手で渡したものだった。このような立派なご先祖様が数々の名家と良縁を結んだお蔭で、私はトールボットやデヴルーやグレイそしてコアベットなど貴族の後裔となっている。そのことは、現存するニューポート家が所持する立派な紋章からも窺い知ることができる。母方の先祖についても同様に多くを語ることができるが、予定の紙幅を超えてしまうので、私の母と弟妹《きょうだい》について多少なりとも触れて終わりにする。母は長年にわたり父と徳高く愛情豊かに暮らしたあと、亡き父のためモントゴメリー教会に立派な墓を建てた。子供たちを立派に育て上げ、自立できるように確たる道を選ばせた。亡き母のために、「ジョン・」ダン博士が簡略ながら葬送の説教を行ない、それが印刷されている。(5) 母の息子たちの名は、エドワード、リチャード、ウィリアム、チャールズ、ジョージ、ヘンリーそれにトマスである。娘たちの名は、エリザベス、マーガレットそれにフランセスである。所期の目的をその分だけ完璧に果たすことができるよう、我が生涯を語るまえに弟妹について多少述べておく。二男のリチャードは、学問・研究に勤しむよう育てられたあと、低地帯に赴き長年滞在する間に数々の戦と、一対一の決闘の両方において勇名を馳せた。それら数々の戦闘で、伝え聞くところによると、二十四の刀傷を負ったという。その傷がもとで、ベルヘン・オプ・ゾーム［現オランダ南部の都市、対スペインの連合諸州の要塞があった］で不帰の客となる。三男のウィリアムも同様に学問・研究に励むよう育てられたあと、デンマークの戦争に駆けつけ、そこで一騎討ちの途中、刀が折れたものの、剣の残骸で防御しながらも接近戦に持ち込み、敵対者を投げ飛ばした。仲間が割って入るまで、相手を羽交い締めにして離さなかったという。そのあと低地帯の戦争に征き、ほどなく散華した。四男のチャールズはオクスフォードのニュー・コッレジのフェローとなり、あらゆる方面に嘱望されたが、夭折した。五男のジョージはとても優れた学者で、ケンブリッジの大学代表弁士に任命されたほどだ。弟の英語の作品が一部現存しており、その手のものとしては希有なのだが、ギリシア語とラテン語で記した完璧な書き物と較べると舌足らずで、神と人間を扱った作品ばかりである。彼は生涯とても信心深く、人々の手本であった。何年もの間［実際は三年ほど］、聖職禄《ろく》を食《は》むソールズベリー界隈では、聖人とほぼ同格に崇められるほどであった。ウェールズの家系ゆえ、ご多分にもれずジョージも気性が荒かったものの、それでもその癇癖《かんぺき》を除き、弟の行状に非の打ちどころはなかった。(6) 六男のヘンリーも他の兄弟と同じく学問・研究に勤しむよう養育されたあと、近親者によってフランスに連れられ、仏語をほぼ完璧に習得した。その後、宮廷に仕え、国王の侍従となり、さらに宮廷祝典局長に抜擢された。そこで得た資産と良縁とによって、一財産を為し当人も子孫もそれを享受している。決闘においてたびたび勇名を轟かせたが、その他の点でも同様に経験を活かし、廷臣として卒がない。七男のトマスは、父が亡くなって数週間後に生まれた遺児、いわゆる忘れ形見である。トマスはしばらく学校で養育され、ドイツの諸侯［プロテスタント同盟］のため招集された援軍で総司令官を務めたサー・エドワード・セシル閣下［バーリー卿ウィリアム・セシルの長男トマスの三男でウィンブルドン子爵］のもと小姓として仕え、特に一六一〇年、ジュリアーズ［ドイツ名ユーリヒ］包囲に派遣された。その地で、トマスはことあるごとに軍のだれにもまして、先陣を切り勇姿を示した。そこから戻ってくると今度は、ジョセフ艦長の指揮のもと、東インドへ赴いた。その途中、スペイン［事実はポルトガル］の戦艦に遭遇し、その闘いの中で艦長はあえなく戦死。艦長の部下は意気阻喪したが、（東インド会社の総裁サー・ジョン［トマスの誤り］・スミスが私に何度か語ったところによると）弟トマスは艦長の敵《かたき》を討つため敵艦撃沈の弔い合戦を始めようではないかと檄《げき》を飛ばしたという。我がイギリスの護衛艦が何度も砲撃を繰り返す中、スペイン戦艦は蜂の巣になり自ら座礁し航行不能となった。その後トマスは残りの艦船とともにスラト［インド北西部の港］に赴き、商人に随行してムガール帝国に到着。その国で十二ヵ月ほど過ごしてから、同じ艦船で英国に戻ってきた。このあと、弟は海軍に入ったが、国王ジェイムズの命により、サー・ロバート・マンセル指揮のもとアルジェリアに派遣されることになった。そこでは同胞が資金に事欠き食糧にひどく困窮する破目となり、全艦隊を救うべく多くの軍艦が散り散りになって掠奪できるかどうか試みた。弟はたまたまある船に遭遇し、その船を拿捕すると千八百ポンドの値打ちがあり、それで全艦隊を壊滅から救えるかに見えた。トマスはまた国王の数ある軍艦の一艦でマンスフェルド伯爵［エルンスト・フォン・マンスフェルト、プファルツ選帝侯の傭兵隊長］を低地帯まで護送することになった。だが、岸からほど遠からぬところで沈没の憂き目に遭い、伯爵は乗組員とともに長艇、つまり救命艇に乗り込んだ。さしあたり我が弟は航海長の手助けを決意し、長艇に乗らなかった。航海長があらゆる手を尽くして軍艦の危機を取り除く算段をしていたからだ。しかし、沈没が必至になると、弟は最後まで躊躇していたが、長艇に乗り込むことにした。航海長は一緒に逃げるのを拒み、艦とともに歿した。このあと弟は皇太子［後のチャールズ一世］をスペインに迎えに行く艦隊の一艦を指揮した。帰国の途上で、低地帯とダンケルクの人々の間で海戦が起こった。皇太子は、御前で行なわれる戦闘が殿下の威厳を損なうものだとしてそれを許さず、自国の軍艦に両者を分かつ命を下した。そこで弟トマスが艦隊の何艦かを引き連れ間に割って入り、砲撃を長らく繰り返したところ、両者ともこれを退散の潮時だと観念した。皇太子を無事本国［ポーツマスの港］に連れ帰ったあと、イギリス海峡に向かう国王の軍艦に［ドレッドノート号で］雁行する役目を拝任した。弟は何度もとても勇敢に闘い、勝利を収めた。様々な人物と一対一の決闘をも行なった。時には敵対者を傷つけ武具を脱がせた。時には敵どもを潰走させた。このように数々の武勲を挙げ、弟トマスは一廉《ひとかど》の司令官になるものと嘱望されたが、他の者たちが自分よりも先に昇進するのを目の当たりにして不満が募り、弟の胸の内を推し量ると、自己肯定感に翳りが見えたのであろう、隠棲して世を儚んだ。長年陰鬱な余生を送ったあと亡くなった。ロンドンのチェアリング・クロス近く、聖マーティン教会に埋葬された。上述の次第で、私の弟妹《きょうだい》で生き存えている者は、六男ヘンリーだけである。

［自伝を執筆し始めた一六四三年の時点］

長女のエリザベスは［ウェールズ西部カーマゼンシア］アベルマルレスのサー・ヘンリー・ジョーンズに嫁ぎ、息子ひとりと娘ふたりの子宝に恵まれた。彼女の後半生は、我らの存命中に知れ渡るほど、病身ゆえ惨めなものだった。十四年も経つうちに、骨と皮にまでやつれ果て、ついにはロンドンで衰弱死した。チープサイド近くの某教会で永眠。二女のマーガレットはスルーイディアルトのオーウェン・ヴォーンの一人息子で跡取りのジョン・ヴォーンに嫁いだ。この縁談によって、ハーバートとヴォーン両家の宿怨が緩和され和解ができた。彼女は三人の娘と跡取りの息子を儲けた。娘の名は、ドロシー、マグダレン、そしてキャサリンである。娘三人のうち、下のふたりだけが存命である。ヴォーン家の所領は男の世嗣ぎにだけ相続された。そのやり方はそれほど明確ではなく、その所領に適用された限嗣相続には疑問が残る。三女で末娘のフランセスはリンカーンシア〔州〕の勲爵士サー・ジョン・ブラウンに嫁ぎ、何人かの子供を儲けた。その長男は、若くして様々な決闘を行なったが、その内のひとつの私闘で、こともあろうにランカスシア〔州〕の名家リーの身内を殺めてしまった。我が親戚一同についてさらにもっと多くのことを述べられるが、親族の生涯を詳述するのが目的ではない。記憶に基づき精一杯精確に彼らの生涯の一部を述べたが、その素描に大きな誤りはないと確信している。さて、話を私自身に移そう。

〔一五八三年三月三日〕私が産声をあげたのは、午前〔午後〕の十二時から一時の間、シュロップシアはアイトンの地であった。（そこは、建物とともに先述の祖母よりニューポート家に伝わる風光明媚な領地である）幼少の頃は病弱で、頭に下剤をかけたのではないかと見紛うほど、いつも耳から膿が出ていた〔滲出性中耳炎か〕。そのせいで言葉を発するのがかなり遅く、このまま口がきけなくなるのでは、と思った者が多くいたという。思い出せる中で一番遠い昔のことは、周りで何を言っているのか解ったとき、それでも不完全か見当違いのことを言うのではないかと惧れ、口を噤んでいた時のことである。話せるようになって、発した問いで一番古いものは、どのようにしてこの世に生まれ出たかであった。この世に存在していることは自明だが、如何なる因果で、如何なる縁起で、そして如何なる方便によってか想像もつかない、と乳母や子守などに語ったものだ。この問いかけに、乳母や居合わせたおばさんたちが笑いだし、他の者たちも不思議がった。というのも、一同の者によると、そのような問いかけをする幼児は、私が初めてだという。これに対して、もう少し成熟してから次の所見を述べたが、それがせめてもの慰めであった。つまり、分娩のとき母が被った産みの苦しみや陣痛を、この世に生を享ける過程で、つまり産道を通る最中、私自身も劣らず身に感じるはずであったが、実際には微塵も悩まされることがなかった。生まれ出た時と同じようにこの世を去る時も、一切の苦悩や苦痛を感ぜず逝きたい。というのも、死に際して偉大なる神の恩恵によって、さらに幸せな状態になれると信じているし、如何にしてこの世に登場したのか解らないのと同じように、如何にして退場するのか解らないとも確信している。(7)その時以来、この趣旨で韻文を書き綴っている。この場にそれを挿入するのが相応しかろうと思う。以下その梗概である。

生について[8]

そもそも生命は、すでに豊饒なる種の中に宿っている。そこでは造形力が天来の賜物として形の定まらぬ塊を維持・管理し、活力みなぎる液体で満たそうと切に願っていた。そして、造形力は塊の輪郭《かたち》を奥まった処に閉じ込めておくが、それもやがて諸力が一丸となり、根源の種が発芽するのを許され、胎児として姿形の全貌が首尾よく整うまでのことである。

次に、母なる胎内で揺籃期を過ごす。そこでは、泡立つ生気によって華奢な四肢がつけられ、それが伸長すると同時に、驚異の構造である感官が形成され、心を宿すのに、あばら屋ではなく御殿が用意される。そのためすぐにでもそれは天上より舞い降り、責務を果たすであろうし、また、行く末を暗示するかのように、無為な塊を匡正し、役立つようにするであろう。このような次第で第三幕の幕開けとなる。その場で極めて大きな舞台が眼前に現れ、天と地の祝祭劇場、千態万様の森羅万象が認識される。独自の運動で動き回るため、宇宙の法則や永遠不滅の原理に触れるが、それは星辰が不断の針路を巡航するのを観察するためであり、また生の理由と責務とを見極めるためでもある。そして、それは神の至高の意志を遠来より予知することを許されるのであった。一方、力の神は、驚くべきことに天空の様々な周期運動の速度を落とし、熱心に祈るとともに身をも捧げる者に対して、近寄りがたい存在ではなくなった。

続いて第四幕を迎える。綺麗さっぱり垢を落とすと、精神はすぐにでも清められ、新たな希望が生じるとともに、さらに純然たるの運命を自覚し、あらゆる神にすがり付き、天より啓示を受ける。そして神意が聖なる愛に降臨する。人を欺くこの生のしるしが連綿として引き渡されるものの、ひとつの法で神と契約を結ぶことは認められない。

そして確かに、母の胎内にいたときから、この「造形力」、つまり形成力のお蔭で、すでに目や耳それにその他の感官が出来上がっていたが、それらは暗くて不快な場所に相応しい感覚というより、より善い生を意識してこの世で生じる出来事を知覚し理解するのに相応しい器官であった(9)。それで堅く信じるのだが、人として生れてこのかた、前述の五感が子宮内では何の役にも立たないのと同様、現世では役に立ちそうもない諸力が我が魂に賦与された。この諸力とは、希望や信仰や愛そして喜びである(10)。これら諸力は、この世では、消滅する儚《はかな》いものには宿らず、現世で与えられる以上の素晴らしいものにまで勢力を拡げ、完全で永遠かつ無限なものだけを受諾する。白状すると、これら諸力には、現世でも何らかの役割がある。だが、皆に訴えて訊くが、世俗の至福で現世の希望が叶えられると、さらにもっと優れたものを望み希求することがあるだろうか。また、自身の智恵を信頼し、あるいは他人の扶助に信を置くのであれば、危険が生じたときや困った状況の下で自身を救済するのに、地上で見出せるよりはるかに神聖で優れた力に頼らざるを得ないことがあるのだろうか。さらに、色褪せたり萎んだりすることのない地上の美、それが欺き失望させることがなければ、その美を愛でられるのではないか。さらにその上、あるものに感じる喜びが極致にまで達していれば、それ以上のものが必要なのだろうか、また現世で与えられるものだけで事足りるのではないか。したがって、これら諸力の然るべき対象は、すでに出来《しゅったい》しているか、あるいは少なくとも顕現しつつあるかのいずれかだが、その対象は神だけである。その神に信仰や希望それに愛を寄せて無益になることはなく、長期にわたって片想いということもない。だが、これらの議論はさておき、子供の頃の話に戻ろう。

前述の耳垂れのことは今でも憶えている。耳から膿《うみ》がとても激しく流れ出て、身内の者はアルファベットを教えるまでもないと考えていた。［一五九〇年］七歳になってようやく膿の滲出が止み、父祖も患っていた例の病、ひきつけから解放された。その時から先述の出生地アイトンにある祖母の館で、住み込みの家庭教師にアルファベットを習い始め、次に文法そして学校の共通読本へと進んだ。

読本から得る知識は多く、｛二年後にはある程度のラテン語を覚え｝「運命の女神は勇者を助ける」[11]というテーマのもと、紙一枚分、韻文にして五、六十行、しかも一日で弁論を仕上げた。また、自分よりも年長の学友ふたりと取っ組み合いの喧嘩をして、｛さらには他の悪童に悪戯をして｝時に叱られたこともよく憶えている。しかし、嘘をつくとか、その他の過ちを犯したことは一切ない。生来の気質や気象から虚偽とは無縁の存在であり、疑われても致し方ない過失を白状しろと迫られると、何の躊躇《ためら》いもなく罪を認めたし、嘘をついて精神に汚点を残すよりは折檻《せっかん》される方を選んだ。というのも、嘘つきの汚名は時を経ても雪《そそ》げないと思っていたからだ。世間の人すべてに心の底から誓って言える、生まれてこの方、我が魂は生まれながらにして虚偽と欺瞞に反感と嫌悪を抱き、嘘偽りを故意に語ったことは一度もないと。［一五九二年］九歳になったとき、その時までアイトンにある先述の祖母の館に暮らしていたが、両親の考えでウェールズ語の勉強ができる場所に遣られた。それ以外の言葉を話せない親類や借地人との交渉に欠かせないと判断したからだ。［ウェールズ北東部］デンビーシア［州］はプレイス・ウォードのエドワード・セルウォル氏に、白羽の矢が立った。この尊敬して止まぬ先生はギリシア語やラテン語、フランス語やイタリア語それにスペイン語の精確な知識とその他の学問すべてを身に付けていたが、それでいて語学習得を目的とした渡航経験もなく、大学教育の恩恵に浴することすらなかった。その上、怒りの感情を抑えられる希有な気質の持ち主で、長年にわたり恩師のことはいろいろと伝え聞いているが、師の邸宅に滞在中も、何かに腹を立てるのを一度たりとも見たことがない。ある時たまたま激昂しそうになったが、頬が紅潮するのを見ただけで、しばしの沈黙のあと、語り口は優しく穏やかで、激情を圧し殺しているのがよく判った。だが包み隠さずに言うと、私はとても恩師の域に達することはできない。というのも、普通の人より気性が激しく癇癪持ちで、たいてい思ったことは率直に口に出す質《たち》であるから。つまり、屋内で火を焚き付けて火事になるよりは、焔に出口を与える人物を見習うから［怒りに火が点いたとき身体の中で爆発させるより、火種そのものを吐き出すから］。けれど、セルウォル氏のやり方をとても推奨する。なるほど、しばらく口を噤むことができる人は激情を和らげられるであろう。だが、この種のことで恩師から多くを学べなかった。師の邸宅に九カ月も長きにわたり寄宿していたものの、その間の大半、三日ごとに瘧《おこり》［三日熱］に襲われたからだ。そのため同様に、ウェールズ語や立派なジェントルマンが理解する他の言語を学び益することがほとんどなかった。

［一五九三年］十歳になった頃、元気を取り戻したので、シュロップシアはディドルベリーの［トマス・］ニュートンという人物に教えを請うため、師の許に預けられた。二年も経たない内に、病気で後れた分を取り戻しただけではなく、ギリシア語と論理学の知識を得た。それも十二歳のとき、両親がオクスフォード大学のユニヴァーシティ・コレッジに入れてもよいと思うほどに成長した［実

際に入学したのは、一五九六年五月十四日、十三歳のとき」。大学に入ってはじめて論理的に論争をしたこと、課題の問題をラテン語よりも頻繁にギリシア語でこなしたことを憶えている。大学に入って何ヵ月もしない内に、厳父の訃報が届いた。病名は目を開けたまま眠る「開眼昏睡」で、長らく続いていた。その病で、本人に意識はあるものの、断末摩の苦しみこそないが挙句の果てに亡くなるらしい。医者の診立てでは危篤状態で、母から即刻実家に戻るようにと促された。そして父が瞑目《めいもく》するとすぐ、伯父のサー・フランシス・ニューポートも、私の後見人となるべく急いでロンドンに向かうように頼まれた。伯父と母、ふたりの共益のため、ぜひとも必要だったらしい。実際、伯父は私の後見権を得た(12)。その直後、学問のためオクスフォードに戻ったが、ほどなくサン・ジュリアンズのサー・ウィリアム・ハーバートの跡取り娘との縁談が持ち上がった。その経緯はこうだ。このサー・ウィリアム・ハーバートは先に紹介した旧ペンブルック伯の次三男の子孫で跡取りだが（前にも述べたように［16－17頁］、例のペンブルック伯の長男には長女［エリザベス］がいて、彼女によってウスター伯が現在モンマスシアに所有する莫大な財産が掠め取られた）、そのサー・ウィリアムは、存命のひとり娘のため遺言を作成した。それによると、ハーバートの家名を継ぐ者に嫁ぐという条件付きで、モンマスシアとアイルランドに有するすべての財産をそのひとり娘に遺す、そうでなければそれらの財産はペンブルック伯の嫡男に跡目を継がせ、自身の娘にはアングルシー島とカーナヴォンシア〔州〕にある、猫の額ほどの土地を継がせるという。このように遺産に決着が付くと、そのあとすぐ、サー・ウィリアムは息を引き取った。妻の父上サー・ウィリアムは書物にかなり通じ、特に神学に生涯を捧げた。それも黙示録に釈義を施し出版したほどだ。けれど、もうひとつの分野、錬金術で賢者の石を手に入れられず、同様に神学でも秘義を見つけるには至らなかったと考える者もいる。しかしながら、義理の父は万事に通暁し、高貴な精神の持ち主として知られる。だが、義父とは面識がないばかりか、他の点ではさらなる情報もない。義父の話はこの程度で終わる。サー・ウィリアムのひとり娘はメアリーと言い、父親の死後、二十一歳になるまで独身であった。その間、年齢と財産の点で嫁ぐのに相応しい人物がハーバート一族にいなかったとみえる。[13] この頃、私は十五〔十六〕歳で、年齢差にもかかわらず縁談がまとまり、一五九九年二月二十八日にアイトンの館で挙式が執り行なわれた。式を司ったのは、両親に夫婦の契りを結ばせるとともに私に洗礼を施した、あの｛ロクシター〔シュルーズベリー近郊の村〕の｝某副牧師だった。祝言を挙げて間もなく、妻と母と連れ立ちオクスフォードに戻った。母が家を借り、しばらく一緒に暮らした。[14] さて、若者ならだれしも憑かれる肉欲を充たす正当な治療薬を手に入れ、これまでにも増して読書に勤しむようになった。その間にほぼ十八歳になり、それを機に母がロンドンに家を借りた。その借家とモントゴメリー城を行き来して時を過ごしているうちに二十一歳になった。その間に何人か子供を授かった。今も存命なのは、ベアトリス、リチャードそしてエドワードである。大学か借家で暮らしている間に、フランス語やイタリア語それにスペイン語に関して、語学の教師や師範に頼らず、それら当代の言語の知識を得た。各国語に訳されたラテン語や英語の書物、それに数種類の辞書の助けを借りてだが。また音楽では、教わることがほとんどあるいはまったくなしに、初見で歌えるばかりか、リュートも奏でられる。言葉を学ぶ目的は、真の世界市民に近づくことである。音楽を習う目的は、家にいる時に気分を爽快にし、学問に傾倒し疲れたあと英気を養い、さらには同じ若者たちと群れる必要がなくなる、という点にある。というのも私の観察によると、当代の若者は酒色にふける悪例となっているから。

このようにしてようやく丁年《ていねん》に達したので、生まれてから大学を出るに至るまで、通常の教育について所見を述べよう。[15]また、生涯の話とともに子孫に役立つと思われる家訓をも開陳したい。はじめに思うことは、両方の家系に見られる遺伝的な病は幼少の頃に治すべきであると。それで、もし石や砂が生じやすい質なら、乳母にミルク酒を時々飲ませるのがよいと強く思う。そのミルク酒には砂や石を身体の外に排出させる薬草を煎じて入れておくのがよい。子供がある一定の年齢に達したら、結石に効く「ムラサキ」や「ユキノシタ」を入れたミルク酒を本人に飲ませるとよい。[16]医者は結石に薬効がある草木を多く挙げていて、私もその一覧表を作れるが、やはりその筋の専門家に任せよう。痛風にも同じ処置をとるとよい。それを治療するためには、鍛冶屋が鉄を急激に冷やすのと同じく、子供の足を水に浸すことを奨める。(17) その水には、杜松や月桂樹の実、それに「ニガグサ」や「キランソウ」の煎じ汁、そのほか明礬《みょうばん》を混ぜ煎じる。その足湯には、また含まれる成分で腱が頑強になるため、親譲りの中風にも効く。それには海狸香《かいりこう》や龍涎香《りゅうぜんこう》を用いてもよいが、必ず助言を必要とする。先祖譲りのより烈しい癇癪持ちには脾臓に効く薬草を用い、「頭に起因する」ひきつけの発作に見舞われる者には、その病についてては、先に触れたように、確かに耳から膿を出し切り洗浄しさえすればよい。(18) 手短に言うと、両家に由来する病が何であれ、まず乳母にその乳が病気に効くような薬湯を与え、次に子供の年齢や体格を考慮して耐えられるような特効薬を投与する必要がある。この点についてはさらに多く語ってもよいが、それというのも薬草や植物それに樹脂の知識に、つまり博物誌に常に喜びを感じており、さらに薬種商へ出向いた折、万人の病を診る目的で医者の処方箋が添付された明細を見るのを常としていたから。しかしながら、ほとんどすべての病に対する処方に熟知しているとはいえ、子孫のために個々の病に関して処方することはせずに、「生兵法は大怪我のもと、というから」専門医に委ねよう。繰り返しになるが、子孫らに遺伝的な病は幼少の頃に治すよう奨めたい。なぜなら、大人になってからでは、労多くして詮なしだから。

子供が学校に上がると、教師に勉学をみてもらうばかりではなく、行儀作法を習う付添いを雇うとよい。というのも、少年期に悪徳すべてがいとも簡単に身に付いてしまうから。常に次のことが遵守されんことを願う。つまり、学校の教師が礼を欠く無作法を矯正し、逆に家庭教師が勉学の手抜かりを匡正することのないようにと。アルファベットを教わった後、簡略かつ簡明な文法書と、ギリシア語とラテン語の文字すべてが一つひとつ巧妙に説明された教科書とを与える。実例を示したその手の書物は、コメニウスである(19)。これが終わると、ローマではなくギリシアの著述家に進む方がはるかによい。というのも、ラテン語よりギリシア語を先に学ぶ方がたやすく、子供の記憶にはありふれたものより希有なものを第一印象として与える方がずっとよいから。したがって、ギリシア語をまず子供に習わせたい。それもギリシア人が他の国民より優れていないか先陣を切っていないような学問はないから尚更だ。哲学や天文学それに数学や医学をみても、またその他の全学問をざっと見渡しても、ギリシア人はすべての国民に凌駕している。大学に行く準備が整うと、行儀作法を教える家庭教師を付き添わせるとよい。若者は悪事を為すほど脆い質であり、彼らが齢を重ねて大人になるにつれて、行儀作法で箍《たが》をはめないといけない。若者は徐々に美徳に慣れると、徳の醍醐味を享受し、悪事に染まる以上に美徳に喜びを覚える。なぜかというと、誰しも有徳の士に心惹かれるが、一方悪人同士は反発し合うものだから。この趣旨で、評判がよく厳格で学のある人々と付き合い、そのような人格者の言葉に耳を傾け、品行方正を踏襲することが必要であり、決して林檎の味を識り不埒な若者の不行跡に追随してはならない。青年期に身に付けるべきものがふたつある。ひとつは善性と礼節で、もうひとつは学問と知識である。それらふたつのうち後者よりも前者がとても大切である。常日頃に考えていることだが、美徳は普通の分別が伴っていれば現世と来世の幸福につながるが、その一方で知識を詰め込み過ぎると自惚れが強くなり、その驕り昂った知識ゆえに悪事を為すいわゆる武器と優位な立場とが付与される。[20] それで残念なことに、邪悪な気質の持ち主は、悪意を研ぎ澄ます知識とそれを維持する勇気とを手に入れるのだ。人の善徳すべてを守護する堅忍不抜の徳には、よくない気質や激情それに悪徳から身を護る術や働きはない。諸兄には、大学で受講する通常の学科を奨励しない［自由七科：文法・論理学・修辞学の三学科と算術・幾何学・天文学・音楽の四学科から成る教養課程］。というのも、子弟を四、五年間そこで過ごさせるのが両親の意図だとしても、ある分野で修士や博士の学位を取得するつもりでその期間を過ごすのが落ちだから。その目的でチューター［学生指導教師］は、慣例として論理学の細則を教えるのに通常多くの時間を費やし、そのお蔭で成績優等者ぐらいにはなれるものの、また論理学は金銭目当ての弁護士には許容されるが、謹厳実直で礼節のあるジェントルマンにはとうてい奨められない。ただ、論理学でも、次の点は多いに推奨できる。つまり、不動の原理から論証を導き出す術を教え、虚偽と真実とを弁別する方策を示し、さらに誤謬や詭弁それにスコラ学者が似非《えせ》論証と呼ぶものを見破る術を授ける点である。だが、それら三つの点についてては、ここで長々と議論するつもりはない。この目的に資する程度の論理学を身に付ければ、哲学全体をあらかた理解したことになり、そうすればプラトンとアリストテレス哲学の基礎を両方とも習得したのと同義である。その後、「ペトルス・セウェリヌス（デーン人）著『哲学的医術の理想』［一五七一年］を読むのも悪くないだろう。その書物には、これまでの著述家には見られないパラケルススの理念に関する重要事項が、数多く記されている。(21) また、通例の逍遙学派を精査し論破したフランチェスコ・パトリッツィと［コゼンツァの］テレシウス［テレジオ］に目を通すのも悪くない。それらすべてを一年間で済ませる。思うにその期間で哲学は十分である。論理学は六ヵ月で十分である。普通の人間なら、そのふたつの学科から必要以上のものを即座に入手できるであろう、と確信する。これらに通暁したあと、地理学を精確に、それも世界のすべての国が置かれた状況を他人に教えられるくらい勉強すべきである。それとともに、国と国との利害関係や友好関係それに近隣諸国との力関係のほか、政体や風俗習慣そして新旧いずれの宗教にも関わる事象を学ぶのがよい。さらに、それと同時に天球儀の使い方を学ぶ必要がある。地理学と天文学とは、複雑微妙に絡み合っている。占星術の知識はたいして必要だとは思わないが、社会全体の動向を占うためだけに必要である。日月星辰の動きで個々の運勢を予め決めたり推測したりできない。算術と幾何学をある程度学ぶ必要がある。特に、算術は多目的に利用でき、とりわけ現世では帳簿付けに役立つ。線や平面それに立体の知識は確たる論証の術だが、築城の理解に用いなければ、ジェントルマンにあまり必要ない。けれど、その知識は戦争を企てる者には価値がある。覚えておいてもらいたい、築城術は防禦の際に力を発揮するが、それと同様に攻撃の際も敵を粉砕するのに役立つ。この術に多大な労力を費やしたが、未だに解らないことがある。敵が優勢を占める戦線で、想定される攻撃すべてを阻み打破する戦術や秘策がなければ、一体どこに堡塁や砦を築けばよいのだろうか。医学の知識をある程度身に付けることも、ジェントルマンには相応しい。特に、診断の分野における知識があれば、時宜に適った病気の発見につながり、それによって病気を未然に防げるかもしれない。また、予後をみる分野の知識があれば、病状の経過だけではなく、いつ峠を越すのかが解る。この医術があれば、ジェントルマンは多くの知識だけではなく信頼をも勝ち取れる。なぜかというと、病人を診れば、ほぼ確実にその病気で死ぬのかあるいは快復するのかが解るし、どのような徴候が現れどのような最期を迎えるのかも解るから。下剤や吐剤の成分だけでなく服用量も知る必要があり、また体質が特異であるのか、胆汁質や黒胆汁質それに粘液質のいずれの体液質であるのかを知る必要がある。瀉血《しゃけつ》〔刺絡〕は多血症の人にのみ有効である。その上、ジェントルマンには自ら薬を調合する術を知り、自らの手で患者に与えてもらいたい。代用薬を混ぜるのが薬種問屋の慣例であり、調合薬の成分に舶来か入手困難な貴重品があれば、本物の薬が配合されているのか判別できない。たとえ薬種商に在庫があったとしても、その薬の使用期限が切れているかも知れず、つまり本来の効き目・薬効を保持しているとだれにも保証できないわけだ。私は医術をかなり勉強し、絶体絶命の症例に治療を施し、不思議にも成功を収めたことがある。二、三の例を挙げておこう。サットン［ロンドン南部の地］の召使いリチャード・グリフィスは厄介な悪性の熱［発疹チフスか］に見舞われた。国中の医者が彼を診たがお手上げだった。やがて尿が異様に悪臭を放ち、医者の診立てでは、体温が異常に上昇し余命いくばくもないという。彼を診てくれるように請われた時には、患者は六、七日間、何も飲まず食わず、しかも眠れず意識が朦朧としていた。医者に見放されたのかと尋ねると、さじを投げられたとの返答。私の指示した処方に従いある量のハシバミの実を与えてはどうかと提案した。この世の如何なる物も彼の病を治すことあたわずとも、ハシバミなら効くだろうと確信していた。その信念のもと、翌日午後四時に面会に行けば改善の兆しが見られること疑いなしだった。ただし、私の指示通り、堅果ひとつ分の大きさのものを服用していればのことである。やっとのことで喉を通したという。予定通り翌日の四時に面会すると、家族の者が驚いたことに、私がだれだか判るほど意識がハッキリと戻り、スープを所望した。ほどなく全快した。リウサエソン［ウェールズ南部の地］の親戚アレストン・オーウェンは脳水腫を患い、頭から眼球がとび出し口から舌が垂れ下がり始め、頭全体が異様に腫れあがるなど限界に達していた。同様に医者から見放された。利尿作用のある薬草の根を材料に、煎じ薬をふたつ処方してやった。それを飲み四、五日経つと尿が大量に出て、その結果、患者は頭が元の姿形に戻るなど健康を取り戻した。お礼の手紙を受け取った。彼の言葉どおりに記すと、突然しかも完全に回復しました。治療というより奇蹟ですと。出血に悩むロンドンの貴婦人を治療したこともある。医師全員がさじを投げたが、調合の簡単な薬で本人も驚くほど効果があった。この種の例は枚挙に遑《いとま》がない。これで十分であろう。

上記以外の症例に関して、身体の内と外すべての疾患、例えば潰瘍や腫瘍、それに打撲や怪我などを治す処方を導き出す規範を披瀝したい。それには各国の薬局方《やっきょくほう》を参照するのがよい。その種の書物で書斎に納めているのは、ロンドン、パリそしてアムステルダム各都市の薬局方や、クルケタヌス、ボーデロン、レノデウスそれにヴァレリウス・コルドゥス各大家による薬局方、さらにケルン、アウスブルク、ヴェネツィア、ボローニャそしてメッシーナ各都市の薬局方である。それらの書物のある箇所には、そこに記された処方が何に効くのかだけではなくて、その服用量が示されている。ここに挙げる規範は、前述の薬局方が病の克服に効果があると定めるものすべてがよいということである。というのも、それらの処方は各国の権威ある医師が提示するものであり、その諸先生方の指示は必ず有効であるに違いないから。しかし、私の助言に従えば、アムステルダムものと呼ばれるあの小さな薬局方、それほど昔に刊行されたものではないが、その本の中に病気や創傷などの治療に必要な情報のほとんどすべてが見出せるであろう。『医者の曙光』［パラケルススの弟子ゲアハルト・ドルン著『自然科学者の曙光と財宝』］という書物が、その類で読むのに最適である。医術関連の著作家の中で、ヒポクラテスとガレノスに次いで、特にフェルネリウス［仏王アンリ二世の侍医、ジャン・フェルネル］、ルド・メルカトゥス［スペイン国王フェリペ二世および三世の侍医、ルイス・メルカード］、ダン・センネルト［ドイツ人医師、ダニエル・ゼンエルト］そしてユリニウス［オランダの医師、ヤン・ファン・ユルン］を推奨する。さらに多くの名を挙げられるが、十分であろう。錬金術の薬剤については、子孫に使用を奨めない。吐剤や下剤や発汗剤から利尿剤に至るまで現存しているが、どれも植物由来のものと較べて安全とはいえず、満足できるわけではない。もともと子孫には、指示をほんの少し与える程度にとどめ置くつもりであり、この点については、これで十分。話は変わって、植物学は立派な学問で、すべての薬草と植物の性質が解るほどに通暁すれば、ジェントルマンの素養となる。植物は人間に仕えるため、同じ造物主によって創られた同胞である。(22) その趣旨で、本草の良書からすべての図版と効能書きを切り取り、英国に自生する植物と対置し、次に路傍や牧場や河原それに湿地や麦畑、さらには乾燥した山岳地帯や岩場や壁面や木陰などに生える植物と海辺で育つ植物とを選別するとよい。これを行なった後、先の図版を自ら携帯するか、あるいは召使いに持たせると、道すがら出会う薬草が何であれ、たちどころに判る。もし挿絵の花に彩色が施されていれば、尚更よい。その後、庭に自生する薬草かそれとも外来種か、つまり当地に移植された種かを区別するのも悪くない。英国の風土に耐えられない植物、それらの知識はジェントルマンに相応しく、それらの薬効も、特に医薬として薬屋に持ち込まれるとすれば学ぶ必要がある。だが、その薬屋が薬剤に混ぜものをして品質を落とす輩でない限り、それら帰化植物の挿絵は自生植物ほど、知るに値しない。だが薬屋がまがい物を使う場合、植物誌だけではなく、［コンラッド・］ゲスナーの薬剤誌と前述の『医者の曙光』に頼るとよい。それらの書物があれば、良薬か否か判別できる。これら薬草の多くは、ジェントルマンに有用であるばかりか心の慰めにもなる。如何なる道を歩もうとも、心和ませる野草に出会えるから。同様に、解剖学を奨める。だれが何と言おうと、それを究めて無神論者になることはない(23)。人体の骨格と各部位どうしの連結とは、常理を超え摩訶不思議であり、自然界で究極の神業であると思う。造化の女神が万物を創ったとき、人の肉体を魂の牢獄にしたと言われたくないため、人間の身体を病気ひとつ〔留め針一本〕に耐えられぬほど脆弱にしたとも思えないが。

前述の如く、人間の学問について話があらかた終わり、諸徳と神学とに話を若干進めよう。美徳に関しては、キリスト教徒も異教徒もある程度その定義は一致しているため、アリストテレスが倫理学で提示した定義から始めて不都合はないだろう。その大半はプラトン学派やストア派それに他の諸学派によって、また大まかには全世界の各国はおろかキリスト教会によっても追認された定義である。諸徳はそもそもはじめから魂に刻印された教えであり、それにはこの世かあの世で幸福に至る最第一のしるしが具わっている。悪徳を賦与される者はひとりとしてない。その悪徳も当人自身の道徳観念と、どこか余所で教わる類の宗教と律法、その両方においてあまり相違が見受けられない。敢えて言わせてもらうと、有徳の士は世の宗教だけではなく法律すべてと確実に相通じるものがあり、如何なる障壁に遭遇しようとも、互いに往き来し会話を交わす人の輪にあって、心は平安で満たされ、周囲から歓迎される。したがって、この美徳を、この世で到達しうる最高の極致として、また来世で未来永劫にわたる至福の証として、子孫に奨めよう。だれひとりとして最高神との合一を正当に望める者はない。というのも、高望みをしても善徳と善行の点で、この世で神に近づけるはずもない。それで、もし人が弱さゆえに過ちを犯して神との合一が阻まれ、永遠の幸福を享受できないのであれば、心の底から悔い改めることにより、それらの過誤を贖った上で掻き消し、その他の点については我らの造り主にして救い主さらには守護者たる神のお慈悲にすがるのがよい。なぜなら、神は我らの父であり、我ら人間の脆弱さゆえに如何に惨めな状態であるかを十分ご存知であり、神威に背く意図なく犯した我らの罪を贖って下さり、それとともに御恵で我らの知性を矯正して下さること疑う余地などないから。一般的に我らが罪を犯す理由は、真善を仮象［幻影］と取り違え、眼前に現れる事象を誤って選択し欺かれてしまうこと以外にない。その点で、無窮の神威に背いたと告白することはすべての人間に相応しい行為であるが、さらによく考え直せば、神に背くつもりは毛頭なかったわけで、もし当人が本心から悔い改めていれば、神の義を満たすべく神が無限大の罰を科す正当な理由はない。ただ、当人が改悛しなければ、罪の程度に応じて少なくともこの世かあの世で一時的な罰が科される。悪意を以て侮蔑的な仕方で数え切れないほど神威に背けば、無間の責め苦を蒙る可能性も否定できないが、天壌無窮の神に傲慢にも叛意を以て罪を犯すほど邪悪な人間がいないことを願う。そういう次第で、人が弱さゆえに罪を犯せば、最終的に改悛するか、（当人の言い分によると、魔が差した場合）神のお慈悲により正道に戻る努力をするか、あるいは可能な限りありとあらゆる善き手だてによって神と和解するか、そのいずれかであると信じる。このように、道徳哲学の学習と徳の実践とが人生で一番必要な知識であり有益な実践であると奨めたので、諸徳を実践に移す時でさえ、思慮分別が如何に必要であるかを付け加えておこう。というのも、美徳はすべて無闇矢鱈にではなく、時宜にかなった時にのみ用いるべきであるからだ。したがって、差し迫った危険がない折には、用意周到な分別は極めて有用だが、敵が段平《だんびら》を振りかざしたとき、毅然とした不屈の精神が最も必要になる。危機に瀕したとき、予防は後の祭りであるから。他方、女子供や無知な者から受ける不当な扱いには、毅然とした態度は役立つ機会がない。自分よりずっと地位や身分が上か高い者、つまり治安判事や行政長官などは言うまでもない。分別を以て自身に危害が加えられるのを避けるためであり、あるいは、物事が手遅れになったとき、平静な心で一方では権威、他方では弱さゆえに為された行為を我慢するためである。確かに、この手の人たちには、寛大な心が必要だ。他人《ひと》を赦す寛大さでは、人後に落ちないという自負がある。自身の体面や名声に関わる時はいつでも、私ほど進んで身を賭する者はないが、沽券や名誉のことで他人を赦せる場合は、仕返しをせず常に神の御手に委ねる。神は、私が敵を赦すと、その分を倍増して罰して下さるから。この寛容の精神について、特に私の気を惹いた所見を三つ、以下に示そう。

一　他人《ひと》を赦せない者は、自ら渡る橋を壊す徒輩《やから》である。人はすべて赦されて然るべきである。

二　完全無欠の徳を有していない、あるいはそれに至る途上では、その足りない点が次のように補われる。他人の悪業を赦せば、紛れもなく円満具足した己が徳の完成に至る。したがって、その行為は、他人のお金で自分の借金を返すようなものである。「他人の褌《ふんどし》で相撲をとるがごとし」

三　他人を赦すことは、すべての人が行なうべき必須の振る舞いである。その理由は、正義や愛それに賢明な行為を行なわなくとも、別のだれかが自分の代わりに行なってくれるが、敵《かたき》を赦せるのは自分だけであるから。

これが常に寛容に努めてきた私の真意である。召使いや借地人それに隣近所ほどしきりに私を不快にさせる者はないが、彼らの所業を黙って見過ごすことで、少なくとも心に平静が保たれ、慰安が訪れる。敵を赦した時ほど安堵することはないと心の底から言える。赦すことによって、多くの心配と心労から解放された。そうでなければ心悩まされたであろう。

そして同様に、このため諸徳の実践に関するもうひとつの規範が導き出される。つまり、慈悲が必要なとき、正義を振りかざしてはならない。それとは逆に、立派な手本が求められるとき、正義・正論より憐憫の情を優先するのは愚の骨頂である。それと同じように、節約と倹約が求められるとき、気前よく施してはならない。それとは逆に、散財が自分の地位や信用それに名誉に役立つとき、金に糸目をつける輩は、ジェントルマンの面汚しだ。そしてこの規範一般は、その場に必要な徳が機宜を得た適切な措置として常に涌き出るように実践すべきであるということである。したがって、知慮は全徳の心臓であり、全行動の各部に必要な生気と鼓動を伝え末端を始動させる。不意の出来事に対して、真の知慮を正しく働かせて美徳を行使する者はだれでも、敢えて言わせてもらうと、悪徳に頼らざるを得なくなることはない。そうすることによって、美徳はすべて実践されても徒労となることはなく、問題の案件が適切に処理される。なかでも節制の徳は広く必要であり、その一部は少なくとも人間の行動すべてに不可欠な要素である。なぜかというと、目下果たすべき義務が他にある時に、礼拝に夢中になり過ぎるきらいがあるから。結局、諸徳を学び、神の栄光とその奉仕に充てるのが、その主たる目的でもあり実践でもある。

あらゆる機会に自分の考えを雄弁にして優雅に表現するため、ある程度の時間を修辞学や弁論術に費やすのがよい。いくらダイヤの原石を持っていたとしても、然るべき角度にカットし研磨したあと、それを引き立てる箔の上に置かなければ十分とはいえない。箔があってこそ、ダイヤは本来の光沢を発し、色艶は一段と輝きを増すというもの[24]。同じように、人間に偉大な知性が具わっていたとしても、他人を説得するに際して、その知性を磨くだけではなく、修辞で得られる言葉の綾や比喩それに潤色で下支えしなければ十分ではない。決して気取った巧言令色を奨励するわけではない。大学で教わる紋切り型の慣用句を多用することほど、衒学的な趣味はない。そこに真実がないのではという疑念が払拭できないからだ。大学でよく言われることだが、修辞には推奨に値する有用な技法がふたつある。ひとつは、難しいことを解りやすく平明に言うことである。難解で込み入った事柄が、確たる道理や首尾一貫性もなく示されたとき、それらの事柄を解きほぐし再構築して理解できるように提示するのが、修辞の優れた点である。修辞のこの技法を皆に大いに奨める。物事を明確に明快にそして明瞭にすることを除いて、言葉の真の効用はない。その術を使わなければ、複雑にして不鮮明、なおかつ不明瞭のままである。

ふたつ目は、普通の事柄でも、当意即妙の機智を働かせ意表を衝く形で表現することである。巧みな節回しで臨機応変に語れば、多少とも常軌を逸したとしても、言葉に多大な活力と迫力とが加味される。切れ味の悪い陳腐な言い回しをいくら操っても、粋というより野暮で、田舎の香水が漂うだけだ。だが、歯が浮くような美辞麗句は避けるべきだ。苦心惨憺の跡が窺われる凝った文章よりも、明快でさわやかな弁舌の方が自分の想いを伝えられる。これまで広く観察した結果、自分の演説を説得力があり明解な論拠で固める弁士は、月並みな修辞を弄して長広舌を揮う弁論家よりも聴衆の心を強く惹きつけられると言える。

支払ってくれる人物が疑わしい場合、山吹色に燦然と輝く金子ではなく、然るべき刻印のある銀貨を受け取るとよい。卑金属にメッキを施した贋金を掴まされる惧れがあるゆえに。また、塗りたくった厚化粧より、肌が浅黒くても顔立ちのよい健康美の女性を選ぶとよい。

一般的な見解だが、知力は返答に剛勇は防御に、一番よく表れるという。したがって、剣術で突きなどあらゆる攻撃から身を護る術を学ぶのと同じように、加えられる侮辱に対して、どのように言い返し対処するかを予め検討し対策を立てるとよい。そうしなければ痛撃を受け、急所を衝かれるおそれがある。アリストテレスは弁論術の書を著している。私の考えでは、先哲がこの世に送り出した最高傑作に優るとも劣らない著作のひとつであり、それゆえ弁論家のキケローやクインティリアヌスとともに、話術の研磨に読むとよい。上記ふたりの演説は的確ではないと思われるが、「恋愛詩などに用いる」中の文体はわりと効果がある。私見では、キケローは冗長で退屈、クインティリアヌスは短く簡潔になるきらいがある。

このように道徳哲学に照らして、個々の行動すべてを律するのに必要な知慮と善徳とを手に入れたので、次に自分が暮らす王国や国家の公人として、あるいはその一員として、如何に振る舞うべきかを考える必要がある。さらに、政体が枠組みを与えられている拠り所や根拠を調べる必要がある。賢者が愚者を、強者が弱者をやすやすと支配することは、自然の道理である。それで、知力と権力とを手にする者が即座に統治者になれるであろう。その証拠に、国王が病床に臥す間はその侍医が国王を支配し、戦闘のとき老獪な将軍を国王は、自分が本来代役を務めるべき役職、つまり大元帥・総司令官（フランスの古風な言い方を真似るとコンスタブル）に任命することがある。また法律においては、判事は国王と国民のどちらが正しいかを裁定する限り、一応は国王に優っている。さらに神学においては、国王が良心の世話を委ねる聖職者は、その点においては国王に優っている。これらの事例から明らかなように、故意に我を通さない限り、多くの場合、賢者は愚者を支配し命令する。頑固に強情を張ると、従順が求められるのに、力ずくで承服させることになる。

〔宗教に関して、手始めに自分で見出せる中で最も確実で誤謬のない原理を端緒として、そのあと次へと論を進めるのが最善の方策であると考えた。したがって、古代および当代で見出せるあらゆる宗教に、他の如何なる宗教からも疑義や不審を抱かれることのない広く遍く教化された項ないし箇条があるか否かについて、これまで考察を重ねてきた。その結果、次の五つだけが普遍的にして一般的であることが判った。[25]

一　唯一の神が存在すること。

二　神を礼拝すべきであること。

三　神に仕え神を礼拝する最高の方途は、信愛の神に恭順の意を表し、善行を積むこと。

四　己の罪を悔い改め、一途に神に帰依し正道に戻ること。

五　現世と来世ともに褒賞と懲罰があること。

これらの基盤を自身で確立したあと、それに加えるべき項や箇条を詮議した。ここでもまた、ある教会の威信や権威にのみ依存し、それら教会の間でも十分に意見が一致せず理路整然としない事柄がたくさん力説されているのが判った。さらに解明できたことは、あらゆる言語や地域それに時代で為される論争を調べなくてはならぬが、その作業自体も際限なく続き不可能である。その作業工程を怠れば、上記普遍五箇条を神に帰依する最も広く認知される方途であると言い続けるしかない。神は憐れみにより、古今東西を通じて（尋常ならざる様々な方途により）、叡知や力業それに善行を明かされるであろうし、実際に啓示されたことを疑うわけではない。したがって、この説に信を置き敬服するのが相応しいと思う。これら教えの大半は、あらゆる宗派や教派の間で侃々諤々《かんかんがくがく》と論争されはしたが、以前と同様、たとえ我々の手の届く域内になく、能力を超えたこのような諸問題を探求するのが我ら人間の勤めだとしても、私や他の平信徒の誰かが応分に吟味すれば、果てしない作業となる。それゆえ第一義的には、普遍五箇条を固持しながら、それにもかかわらず生まれ育った国の教会［英国国教会］が公認する統一教義をすべて精一杯務めて信奉した。矛盾を一切包含しないものだけを特段に異議も唱えず受け入れるため、いずこにせよ唱道される信仰箇条が如何なるものであれ、私の支持する宗教五箇条という台木に、それらが不可欠な枝葉末節としていつの時点で接ぎ木され、木目が通じ合う連理になったのかは未だに解明の途上にあるものの、論争の的を十全に考究する閑暇や財力のある者がいれば、彼らにその論点の解明を譲り、また委ねよう。結論を申せば、以下の理由で自説の普遍五箇条にのみ執着する。

一　神の最高の属性たる普遍の摂理を確認するには、全人類に公布された明々白々たる方途はこれより他になかったこと。

二　前述の五箇条が然るべく解明されると、人を品行方正に善良にするものでその箇条に付け加えるべきものはないと判ったこと。

三　その箇条に付加された諸々の教説は、なるほどそれを信じる者には心地よく頼もしくもあるが、如何なる人物といえども一生涯をかけて諸教説に含まれる込み入った難問の結び目を解きほぐす以上に、論駁がなされていること。あるいは、実際にその主題について論じられた何冊かの著作（それらがなければ、教派すべての意見に耳を傾けたとも言えないし、十分な判断をも下せないが）を読むのと同程度であること。

四　五箇条の樹立に主に資する神秘や秘蹟それに啓示すべてが、その箇条を定立する、少なくとも主たる目的であると判ったこと。

五　善行を為し、善い言葉を口にし、善い想念を抱くことが、坐して瞑想に耽るよりも人生に不可欠な修行であると判ったこと。

したがって、これら五箇条に固執する。それ以外のことは教会の権威に基づき信奉するか、あるいは立証が十分に為されず確認できないときは、少なくとも信仰心を以て疑う。しかしこの点においても、平信徒として他のものにはまったく規範を設けず、ただ信念の根拠を提示する所存である。」

私がことさら励んだ修練や鍛錬のうち、何にもまして子孫に奨めたいのは、馬術［軍馬を乗りこなすこと］と剣術［フェンシング］である。このふたつの武術では、英国式やフランス式それにイタリア式のいずれにおいても達人の域に達している。舞踏［ダンス］に関しては、常に他の技芸や学問に頭を悩ませており、習得する暇を見出せなかった。しかしながら、以下の順で三つの稽古に励むように願う。[26]

舞踏は、身体を創りあげ立ち居振る舞いが美しく物腰を柔らかくするため、それを最初に学ばせるとよい。なぜかというと、舞踏の稽古を積むことにより、四肢はある種（フランス風に言えば）しなやかになり、敏捷性を増すから。しかも、他の者より脚や腕それに体躯を見事に使いこなせるようになる。舞踏経験のない者は、関節を掴まれ身体の自由を奪われたが如く、姿勢が強張《こわば》り硬直する。

私の望みは、若者が人前で身じろぎせず畏まるのではなく、身体を動かす機会があれば、その所作が見た目に美しく優雅たれ、ということである。それも、人々が集うところで広間に出入りする仕方を、そして出会う様々な人々の地位や身分に応じて立派にお辞儀する仕方を、さらに帽子を脱ぎ手に持つ仕方を学べるようにする。粋人に相応しいこれらの所作や他の多くの作法は、さらに精確にフランス風舞踏の師範に学べる。

次に、若者（十一か十二歳より前ではいけない）が励む鍛錬は、剣術である。剣の道を極めるには、フランス式の稽古が優れている。つまり、足と目を鍛えることである。足稽古を積めば、敵に突きを喰らわせるのに歩幅が解るだけではなく、大股で敵を追い越すこともなく、剣の切っ先で敵の急所を突くのに失敗することはない。足の次に門弟が行なう目の鍛錬で大切なことは、敵の剣先をしっかりと見据えることである。その目的は、突きなど敵の攻撃を躱《かわ》して身を護るとともに、こちらの剣先を敵に向け、むきだしの無防備な部位に差し込むことである。

特にフランスでは、剣術の師範から門弟に、フルーレ、つまりフォイル［細身の剣、切っ先を鈍《なまく》らにするか、剣先にたんぽを被せたもの］が渡され、剣には腰と呼ばれる堅い部分と、しなりと呼ばれる撓《たわ》む部分とがあると教わる。さらに門弟は、剣の柄から三分の一ほどの長さまで拡がる腰を使って防御し、つまり相手の突きなど攻撃を受け流しながら身を護り、残りの三分の二ほどのしなりを使い機会を窺い突きなどの攻撃に出るように指南される。この稽古ではまた、相手に応じて高くあるいは低く突く方法や、相手との間合いや攻撃に移るまでの間の計り方を簡潔に習う。そうすることで、防御するとともに反撃することができる。私も試しにフルーレを握り、両方の方法を行なったことがある。そのやり方は、一度に大勢と真剣で闘うときと同じであり、その勇姿は今後登場する予定である。自慢話はするつもりはないが、お許し頂けるのなら、私ほど剣の扱いに慣れ、板についた者もないし、あらゆる機会に勝利を巧みに収めた者もない。手傷を負うとすれば、それは剣の腕前を過信する以外にない。

軍馬に乗る教練に多くの時間を費やした。馬は他の動物より人間に役立つように創られた。騎手に思う存分の便宜、時には馬力、時には敵を倒すのに必要な敏捷性や運動能力などが与えられる。名馬に名騎手が跨れば、鬼に金棒である。馬を優雅に乗りこなす方法は、騎手が目線を馬の両耳の間に常に据え、鞭を馬の左耳の上で握ることである。鞭があれば、あらゆる方角に向きを変えられる。馬を右方向に進めたければ、左足で合図するとともに馬の首の左側に鞭を当てる。左に進路をとりたければ、右足で合図し、（必要とあれば）鞭の扶助を借りる。しかしこの方法は、馬にこれらの動きを理解させるためのものであり、通常訓練を積んだ馬の場合、足と鐙《あぶみ》を馬の肩に当てるだけで十分であり、さらに手綱の扶助があれば四方八方に向きを変えられる。このようにすれば、騎手は剣を使えるし、馬を一方の側に寄せる必要に迫られたとき、手綱を等分に保ち、ふくらはぎと足のひら、あるいは鐙を馬の肩に軽く触れるだけで、どちらの側にも寄せられる。しかも、前に進んだり、後戻りしたりする必要がない。

フランス人の用語でいう有用なエア［諸跳躍の総称］には、テーラ・テール［小刻みな前方跳躍］、クルベット［騰躍］、カプリオール／カプリオール［垂直跳躍］、あるいはユン・パ・エ・ユン・ソル

［疾駆と跳躍と騰躍の連続技］がある。それらのエアは、軍用というより観兵式や凱旋用の馬に適している。だが、クルベットとともにデミ・ヴォルト［半巻き乗り］も捨てきれない。メレすなわち小競り合いや混戦で使えるようにあまり高く跳ねさせてはいけない。ラブルーが馬術書で指摘しているとおり、[27]モンモランシー閣下［フランスでの恩人］はデミ・ヴォルトを見事にこなす馬を持っており、馬上武術試合でフランスの名だたる伊達者を前にして、馬に跨ったまま相手をふたり剣で打ち落としたことがある。馬がクルベットの高みの達したとき、間をためて一撃を放った。剣に体重と重力とが加わり、ふたりの騎士を薙ぎ倒したという。

　騎乗で一対一の対戦を行なう仕方については、次のように習った。ふたりとも手頃な堅さの馬鞭それも剣の丈ほどのものを手に持ち、向き合って駒を進める。一方が手練《しゅれん》の騎手である場合、その人物がまず鞍上のまま手出しせず通過し、私の背後につく。そのあと方向を転換し、右手に持った鞭を私の左脇腹に当てる。そうできれば、私の急所を剣先で突けたのも同然。これを巧みに行なう者は、必ず相手を倒せる。というのも、相手は剣を振る間合いがなく防御や攻撃に転じられないから。相手より優位に立つ、フランス語で言うところの馬の尻尾を捕らえるためには、相手が通り過ぎるまでに、馬を横付けさせることほど有用な手立てはない。この手法を用いれば、相手の打撃や突きを躱して、先述の方法で相手の左側に即座に到達できるからだ。だが、この技法については、ラブルーとプリュヴィネルを読むとよい(28)。ふたりは老練の馬術師であり、告白せねばならぬが、教わるところ大であった。正直に言うと、若駒を二、三頭駄目にし、そのあと一番たやすいエアを仕込んでみたが、すっかり馬脚をあらわして、自身が犯した失敗が名伯楽の指南より多いのが身に染みて解った。

軍馬を戦争の駒として使うには、その馬に恐怖心を植え付けないことが肝要である。そのためには、以下の創意工夫が役に立つ。はじめは厩舎の外で太鼓を叩きながら秣《まぐさ》を与える。次に厩舎の中で徐々に太鼓を叩き、その音を鳴らせて秣を与える。太鼓の音に十分慣れたら、餌を与える前に厩舎の外で短銃を撃つ。それから厩舎の中で短銃を撃ち、短銃の音に慣れる寸前まで、徐々に近づけていく。ここで忘れてならないことは、銃を撃つたびに餌の量をさらに増やすことである。馬丁に煌めく甲冑を着させ、馬のかかとを撫でさせたり、馬櫛で毛を梳かせたりすることだ。甲冑を着た馬丁の前で剣を揮うとよい。それが済むと、さらに餌の量を増やす。最後に、馬を見晴らしのよい平原に連れ出すが、そこにはあらかじめ煌々と輝く甲冑を杭に掛けておき、武装兵と見誤るようにしておく。準備が整うと、例の武装案山子に近づけるだけではなく引き倒せるまで、馬を馴れさせる。この訓練が終わると、敵に対して同じことを繰り返し行なえるように、実践でも餌を与えることを忘れてはならない。また、平原でふたりの男に外套を持たせ、馬に跳び越えさせる訓練をする。馬が高く跳べるようになると、折を見てなお高く上に揚げるのがよい。さらに、馬を水に馴致させる。次のようにすれば、うまく馬を泳がせ川を渡らせる術、水馬《すいば》に自信が持てる。適した川で手綱の長さを保ち馬の頭を制御しながら艫《とも》の跡を追わせるか、あるいは、リネンの胴衣を身に着け膝丈の半ズボンをはいた泳ぎの名手をあてがうとよい。

こむら返りや痙攣《けいれん》を起こす体質《たち》でなければ、ジェントルマンの素養のひとつとして、泳法を身に付けることだ。(29) 実を言うと、私自身は泳げない。というのは、かつて水泳を習っているとき溺れ、あわや土左衛門になりかけた。後生だから二度と泳ぐ練習をしないでくれと母に懇願されたからだ。さらに続けて母が言うには、水練で命が助かった人より、水難で溺れ死んだ人の方が多いと聞いたという。この言い種《ぐさ》に納得したわけではないが、慈母の厳命に従った。また、跳躍やレスリング、それに馬の背に跳び乗れることも大事で、これらは使い途が多い。同様に、弓術の稽古を大いに奨める。健康によく、しかも戦争に役立つという長所がある。長弓隊［縦置きの弓、ロングボウ］にも取り柄があるにもかかわらず、銃士隊は難癖をつける。数多の銃士隊を配置する代わりに、射手を百人配備すれば、げに弓矢の射程圏内であれば、［銃士がマスケットに弾を一発込める前に］ひとりの射手が矢を二本放つばかりか、一矢で敵をふたり射殺せること請け合いである。

奨励しない鍛錬は、競走馬に乗ることである。この種のこと、つまり競馬には八百長が付き物である。競走馬は、主に一目散の逃走に役立つだけなのに、なぜ立派な紳士が打ち興じるのか解らない。

狩猟馬に乗ることも、あまり好きにはなれない。研究熱心な人に節約できる以上の時間を浪費させるから。したがって、何かメリットがあるとすれば、その娯楽を知れば十分で、日々実践する必要はない。上記ふたつと較べると、あまり時間をとらせない鷹狩りの方がまだましである。善良な競技仲間を選ぶという条件付きで、木球［ボウリングの原型］は多少容認できる。

許容できない賭け事は、賽《ダイス》と札《カード》を使う博奕《ばくち》である。特に、賭博に大枚を投じ、無為に時を過ごせば尚更であろう。賭場に足繁く通えば、三下《さんした》が出迎え、うぶなカモは身ぐるみ剥がされ素寒貧。こういった教育のすべての点に関して、特に友人や見知らぬ者との付き合いで遵守すべき礼儀作法について、その気になれば、さらに多くを語ることもできる。だが、大作になってしまうおそれがある。しかもそれら教育の方途は、イタリア人グアッツォやデッラ・カーサの礼儀作法書にすでに思慮深く説かれている[30]。

子供や召使いそれに借地人や近隣と、どのように付き合うべきかについて特別な講義を受ける必要がある。このような訓育は学校の瑣末な勉強より若者に役立つ、と自信を持って断言できる。実は、この趣旨で多くの資料を集めてきたが、ここに開示するのは控えよう。神の御恵みで健康で長寿を全うできたら、この点に関して小論を上梓する所存である[31]。さて、小伝に話を戻そう。

十八歳か十九歳になったとき、母は私と妻を連れロンドンに引っ越した。上京して皆で家を借りた。寡婦という母の境遇や私の新婚生活には相応しからぬ大所帯であった。六人の弟と三人の妹を養う破目になった。父は遺言を書かなかったのか、あるいは残したとしても不備があったのか、杳として知れない。母が亡き父の借地権と動産すべてを手に入れ、それ自体かなりの価値があったものの、弟妹たちを扶養する負担を私に押し付けたがっているのがありありと感じ取れた。それで、身内の者を喜ばせるため、六人の弟にそれぞれ生涯三十ポンドの年金を、三人の妹にそれぞれ千ポンドの持参金を与えることを、自らの意思で決めた。妹たちは、前述のとおり、嫁資《かし》のお蔭で嫁ぐことができた。末の妹［フランセス］は、近隣から余計な横槍さえ入らなければ、玉の輿に乗れたであろうに。

キリスト紀元一六〇〇年頃、ロンドンに上京した。その直後、史書に載っているように、エセックス伯［第二代、ロバート・デヴルー］が謀叛を企てた［一六〇一年二月七日］。ここで詳しく述べるより、その手のテーマを扱う書物を参照してもらいたい(32)。それからほどなく、野心というより好奇心ゆえに宮廷に赴いた。当時の君主で偉大なる女王エリザベスの御前では、男は一様に跪くのが習わしであり、私もその例にならい謁見の間で跪いていた。女王陛下がホワイトホール宮の礼拝堂に向かう途中の出来事であった。私に目を留めるとすぐ歩みを止め、件《くだん》の口癖が口を衝いて出たかと思うと、誰何《すいか》された(33)。そなたは誰《た》ぞ。そこに居合わせた方々は私の方に目を向けたが、だれひとりとして判らず、やがて佇む陛下に気付いた近衛兵サー・ジェイムズ・クロフトが駆け寄り、身元・素性を明かした上で、サン・ジュリアンズのサー・ウィリアム・ハーバートの娘とすでに結婚していることを伝えた。陛下はしげしげと私を見つめ、十八番の文句を口走り、若い身空で所帯を持つとは憐れなものよ、と仰せられた。その後、接吻のため御手を二度差し延べられた。二度にわたり、差し出された御手で私の頬を優しく撫でられた。女王陛下に遭遇したことを除き、その頃のことは、あまり記憶にない。［スコットランドの］ジェイムズ［・スチュアート］が王位に即《つ》くまで、想い出せることといえば、ただ息子を授かったが直後に亡くしたこと、一心不乱に学問に打ち込んだことだけである。書物を読めば読むほど、ますます知識欲が高まった。

［一六〇三年］ジェイムズが英国王と認められ、ロンドンに向けて出立されたので、スタンフォード近郊のバーリー［・ハウス］で陛下に拝謁するのがよいと思った。直後、バースの騎士《ナイト》に叙任された。古式に則り儀式が執り行なわれた。ご臨席を賜った貴顕紳士淑女の間で、男前が評判となった。その誉め詞を信じるとすれば、自惚れが強いと思われるだろう。[34]

古風な習わしをいまだに忘れられない。その風習によると、国王陛下よりナイト叙任の命を賜ると、新たにバース騎士団に加わる者は、その右足にある貴顕紳士より拍車をつけてもらうことになっている。シュローズベリー伯［第七代、ギルバート・トールボット］は、私の従者が拍車を手にしているのをご覧になり、伯爵自ら私に近づいて来られた。貴君はきっと立派な騎士になるであろう、よって私が君に拍車をつけてあげる、と仰せになった。ご高配に慎んで感謝の意を表してから、足を壁に立てかけ、伯に拍車の箔を付けてもらった。

もうひとつ同様な仕来りがある。新騎士団員は初日、ある修道会のガウンを身に纏い、当夜沐浴《バース》を済ませたあと、次の誓願を立てることになっている。不正が行なわれる処に同座せず、全身全霊をかけて正すと。特に、上流階級のご婦人方が万一、名誉に係わることで非道な扱いを受け、しかも助けを求めているとしたら、あるいは他の多くの事柄においても、中世のロマンスに登場する遍歴の騎士と同じ務めを果たすと。

二日目には、タフタ織りの深紅のローブを身に纏い（その肖像画は書斎に掲げてある［現在は、ポウィス城に、ナショナル・トラスト蔵］）、セント・ジェイムズ宮からホワイトホール宮まで、従者を露払いに鞍上で駒を進める。三日目には、紫紅色のガウンを身に纏う。左の袖に、白い絹糸と金糸で撚った組み紐の飾り結びと房飾りを縫い付ける。それらの飾りは、人々に認められる武勲をたてるか、あるいはある貴婦人がその飾りを取り去り彼女の袖につけ、一人前の騎士だとのお墨付きを賜るまで取り外せない。私はこの組み紐飾りを長きにわたり身に着けずに済んだ。とある貴顕淑女、その御方は宮廷一の美貌と世の聞こえも高いが、袖から飾りを取り去り、私のため名誉にかけて誓ってくれた。御方の名は伏せておこう。後にある事件が起こり、今は口を噤まざるを得ない。とはいっても、何を言ったところで、令夫人の顔に泥を塗り、令夫人に危害が及ぶことはないが。

この直後に、海軍大将ノッティンガム伯チャールズ［・ハワード］率いる使節の一員としてスペインに行くつもりであった。伯爵は英西の講和条約批准［ロンドン条約、一六〇四年八月］のため、英国王による認容の念書を届ける任務を帯びていた。だが、近親者から執拗に泣きつかれ阻止される形となった、つまり自国に止どまって欲しいとの懇願を聞き入れた。その使節団を諦める代わり、モントゴメリーシアの州長官となった。この要職についてはあまり語る気はないが、私の裁量で任命できる長官代理や他の官職を、献上の品や山吹色に目が眩み与えたことは一切ない。生涯にわたりこの旧来の陋習を、全国津々浦々この目で見てきた。フランス大使であった時も、前任者が法的な優遇措置をした見返りに商人などから袖の下をたくさん掴まされており、その前例に倣うこともできたが、どんな条件であれ如何なる賄賂をも断固として受け取らなかった。

公務を理由に、里暮らしで好きな学問研究を止めることは、まずなかった。時に宮廷に参内する機会はあったが、宮仕えする野心があったわけでもなく、ましてや当代に蔓延する酒池肉林に憧憬《あこが》れたわけでもない。結婚して約十年、妻と暮らし夫婦の契りを違えず、ありとあらゆる誘惑を絶った。そのせいで不義の妄想に取り憑かれたのも事実だ。

｛ジェイムズ王の治世三年目〔一六〇五年〕、火薬叛逆〔陰謀事件〕が起きた。私自身はと言えば、サー・ウィリアム・ハーバートに請われて、モントゴメリー城の所有権を譲渡したのと引き替えにメリオネスシア選出の代議士となり、チェアリング・クロス近くの母の家に暮らしていた。[35] 恐るべき陰謀の前夜、翌日に議事堂へ行かぬようにと、夢の中で二度忠告を受けた。単に虫の知らせかと思っていたが、はからずも予知夢となった。というのも、サー・ウォルター・コウプが十一月五日六時頃やって来て、如何にして計画が露見したのかその経緯と、そして事件が落ち着くまで外出せぬようにと伝えた。数日後、枢密院から伝令が来た。陰謀を企てた一味が現在シュロップシアからほど遠からぬスタッフォードシア〔州〕に潜伏しており、陛下に盾突く輩を制圧する部隊を召集せよとの命令書が発出された。出立準備が整ったとき、サー・トマス・ダットン〔デットン〕より同行の申し出があり、快諾した。早馬を乗り継ぎ潜伏場所からほど遠からぬスタッフォードシアはダッドリーへ急いだ。ところがその逃亡の前夜のこと、火の粉が火薬に飛び散り、陰謀者たちは顔を焦がしてしまった。[36] そのため、あらぬ誤解からとんだ茶番となり、それが未だに忘れられない。というのは、ダットンが道半ばにして落馬、顔に泥がつき仕方なく宿屋で休息をとり、服の汚れを落とし顔を洗ってから投宿先のプレストウッドに行こうと考えたからだ。このような次第で、宿で馬から降りると、そこに市長が突如として姿を現し、それとともに十分に武装した二、三十人の近隣住民が押し寄せた。

ダットンの顔半分が黒くなっているのを見て、火薬で顔が黒こげになった陰謀者の一味だと即座に決めつけたのだ。すると、問答無用でダットンを突きとばし、危うく火炙りにされるところだった。無礼な態度に私は剣を抜いた。ダットンはその挙動を見て私に近づき耳打ちした。相手を十二人は殺せるだろうが、こちらも殺《や》られるのは必定、こいつは俺に任せろと。それで、ダットンはなぜ突きとばしたのか訊いた。答えて言うには、顔が黒く謀叛者だと思ったと。ダットンの弁明、顔の黒ずみは直ぐに洗い流せる。水を所望して、くすんだ顔を洗い清めた。市長はそれでも合点の行かぬ顔をして、ダットンを尋問する傍ら、私をも調べさせた。ダットンに為された問いは、どこから来たであった。ロンドンから、と返答したという。私に為された問いは、どこへ行くであった。シュロップシアかスタッフォードシアか、あるいは陰謀者がいる所ならどこへでも、と答えた。第三者がこれを聞き、別々に尋問してやっと得心したらしい。とんだ珍道中に大笑いして一件落着。市長は仲間を引き連れ退散。我々は先を急いだ。｝

　一六〇八年頃のこと、ふたりの娘ベアトリスとフローレンス（こちらは長生きはしなかった）と息子のリチャードがすでに生まれており、三人ともある程度の年齢に達していた。年端もいかぬ子供だったものの、長寿を全うできる見込みが高く、三姉妹弟《きょうだい》を前にして妻を呼び寄せ尋ねた、子供は好きかと。ええ、と答えたので、俺と同じことを子供たちにしてあげられるかと訊いた。それはどういう意味ですかと聞き直すので、己の考えでは、俺は男としてまだ若く、お前も女として捨てたものではない。我らの寿命は神の御手に委ねられており、どちらか一方が先立つと、遺された者が再婚して子を儲け、その子に財産を割くことがあるかも知れない。その予防策として、俺もそうするつもりだが、証書を作成して、不動産の揚がりのうち年三百ポンドから千ポンドを息子に譲る気はないか、と持ちかけた。しかし、妻はそれには同意せず、自分の責任で子供を養育したくはありません、ときっぱり答えた(37)。直後、その件で良い条件を出し、数日の猶予をもらおうと思ったが、妻は気分を害した様子でその場を立ち去った。一週間か十日後、俺の発案をどう思うかと、再び尋ねた。妻が一言も答えないことからすると、その点に関してすでに十分答えたつもりでいたらしい。それで、もうひとつ要望を出した。結婚する前には海外に出かける年齢に達していなかったから、しばらく海外視察に出る許可をもらえないかと。けれど、妻は前述の如く資産を子に譲るのであれば、それと引き替えに私を手許から離さないつもりだった。答えて言うには、資産譲渡については前々から妻である妾《わらわ》の考えをご存知のはず、しかも海外に出てもらいたくないのもご存知のはず。それでも敢えて行く必要があると仰せなら、止めはしませんと。この言葉のお陰で、羈絆《しがらみ》から解放され心置きなく海外出立の準備に取りかかれた。異国の見聞という長年の夢を叶えられることになった。

それでも、生木を裂く思いをさせて旅立つのも躊躇され、サン・ジュリアンズはハーバートの家名を継ぐ者に父祖伝来の領地を伝えたいという岳父の遺志を重んじ、夫婦の間に子を儲けただけではなく、妻が嫁ぐ際に持参した土地収入をも残した。ただ、自身の財産は、弟の年金や妹の嫁資の支弁と、海外での諸費用の支払のため留保した。この条件で、妻のもとを去るのは気が引けたが、その間一度たりとも不貞を働いたこともなく、外国の知識を得ても不当な野望ではないと思った。特に、言葉の習得は大半を済ませており、自国を離れ長期間滞在するつもりはなかったから。

旅立つ前に息子をもうひとり妻に授けた。後に洗礼を施しエドワードと命名された。宮廷に赴き出国の許可を得た。道連れは、フランス語とイタリア語そしてスペイン語を自由に操れるオーレリアン・タウンゼンド氏、フランス語を話す侍従、馬丁ふたりそれに馬三頭。ドーヴァーから海を渡りカレーに到着。それからフォブール・サン＝ジェルマンに至るまで、目をみはる冒険は何もなかった。フォブール・サン＝ジェルマンでは、当時の仏大使サー・ジョージ・カルーから歓迎を受け、食卓にも招かれた。隣家には、ヴァンタドゥール公爵［アンヌ・ド・レヴィ］が暮らしていた。公爵夫人はフランスの大元帥モンモランシー閣下［初代アンリ］のご令嬢［二女マルグリット］であった。公爵夫人と大使夫人には頻繁に往き来があり、公爵夫人は親切にも、私をご実家のメルルー［メッロ］城（パリから約二十四［三十］マイル）に招待して下さった。そこで偉大な老元帥より大歓迎された。私の名前が告げられると、名門の出であることは承知しておる、と閣下は仰せられた。続けて、ペンブルック伯ウィリアム・ハーバートの指揮のもと、祖父［エドワード・ハーバート］が歩兵を統轄したあのサン・クエンティン［サン＝カンタン］包囲の際、ハーバートの血筋は敵ながらあっぱれとはじめて感服したという。［モンモランシー公爵の父アンヌ・モンモランシーはこの戦闘で総司令官として陣頭指揮をとった］メルルーに二、三日逗留したあとの、とある夕暮れのこと。公爵夫人のご令嬢、つまり元帥閣下の孫娘、歳の頃合いは十か十一、黄昏時に城から牧場《まきば》に散策に出られた。連れは、箱入り娘に仕えるフランスの騎士と私、それに侍女たち。その孫娘は頭にリボン結びを付けており、それをフランスの騎士がすばやく奪い取り、帽子の鉢巻き代わりにした。孫娘は盗まれたことに腹を立て返却を求めたが、詮なしであった。客人の方、取り戻してたもれ、と頼まれた。それで奴のところに行き、作法どおり帽子を手に持ち、リボンを持ち主に返す栄誉を担わせてほしいと下手《したて》に出た。だが奴は無礼千万、お姫様《ひいさま》に拒んだものを貴殿に渡すと思うか、と悪態をついた。それでは腕ずくで頂きましょう。すぐさま帽子を被り奴の帽子に手を伸べると、奴も取られまいと走って逃げた。牧場をさんざん走り回ったあと、ようやく捕らえたと思った途端、奴が急旋回してすんでのところで逃げられた。すると奴は孫娘に走り寄り、あのリボンをまさに手渡そうとするところであった。間髪入れず、奴の腕を掴まえ、孫娘に言った、私の手柄ですと。いいえ、あの方ですわと宣わったので、お言葉ですが、小生がそう仕向けたのであって、それを奴が認めないのであれば決闘を申し込みます、と啖呵を切った。フランス人の奴はしばし無言であった。それでお転婆娘を城まで送り届けた。翌日、タウンゼンド氏に頼み、あのフランス人に、小生が無理強いをしたからこそリボンを返したと非を認めるか、そうでなければ決闘をしろと伝えてもらった。しかし奴は果し状を受け取る気がなく、尻尾を巻いて逃げた。すぐさま追いかけたが、そのいざこざが元帥閣下に仕える者たちの目に止まり、閣下に報告した。閣下は件《くだん》の騎士を呼び寄せ、孫娘からリボンを奪うとは何事かと一喝、奴の狼藉を叱責した。そのあと奴に城から退去するように命じた。これがあのフランス人について聞いた顚末である。私があのような行動に出たのは、バースの騎士《ナイト》に叙任された時に立てた、あの誓願を忠実に果たそうと思ってのことだ。その件は、すでに折に触れて述べた。

決闘に関連して思い出すことは、他に三度、上流階級のご婦人方の名誉を傷つけた輩に決闘状を叩きつけたことである。そのひとつは、ハモンのジョン・バーカーに嫁いだ、伯父サー・フランシス・ニューポートの娘、すなわち従姉の名誉を護るためであった。ジョン・バーカーの弟で跡取りのウォルターが従姉を陥れた。従姉が館で他のだれより好意を寄せる召使いと主従の垣根を越え、わりない仲になったと思ったらしい。ウォルター・バーカーは、人伝てに聞くところによると、ふたりの怪しげな関係に水を差すどころか油を注ぎ、やがて兄ジョンに告げ口をしたという。思うに、原因の一端は弟ウォルターの背信行為であり、決闘状を送るべき案件であった。だが、今日に至るまで応答もなく、いずれは打ちのめしてやったであろうが、伯父サー・フランシスに阻まれた。

ふたつ目は、アベルマルレスのジョーンズ夫人となった妹［長女エリザベス］の名誉が汚されたので、キャプテン・ヴォーンと決闘する破目になった。決闘状を送り付けると、受けたので互いに介添人を付け、場所を両者の中間地点でグリニッジの彼方《かなた》と定めた。そこで、遅れないように翌朝決闘の舞台となるグリニッジのキングズ・ヘッドに行くと、その居酒屋はすでに少なくとも百人の者たちに取り囲まれており、その一部は枢密院より派遣された者だった。私を捕らえる令状が出ていた。この噂を聞きつけ、召使いに頼んだ。旅籠から馬を曳いてくるように、それも私の視野に入る中で、しかもできるだけ遠くに待機させるようにと。逃げる手はずが整ったところに、取り巻く一同の者が私を捕縛しに来た。介添人で親戚のハナクリのジェイムズ・プライスと私は剣を抜き戸口から打って出た。衆寡敵《しゅうかてき》せずの状況だったが、馬まで辿り着けた。召使いが私を捕らえようとする一同の者と激しく揉み合っている隙に、鞍に跨った。逆に召使いは縄を打たれ、膾《なます》にされるところであった。彼を見捨てるはずもなく、現場に戻り剣で縄目を解いてやった。召使いが馬に乗るのを見届け、一同の者を前にして、我らの後を追わず、どこぞへ失せろと厳しく言いつけた。そのあとプライスを連れて約定の場所に戻ったが、敵の姿は皆無であった。後で聞いた話では、枢密院が事の異変に気付き、相手を逮捕した上で、陛下の名にかけて決闘するなと命じたという。そうでなければ、今ごろヴォーンは、首と胴が泣き別れになっているであろうに。

この種のことで取り上げる三つ目は、あるスコットランド人である。先述したフランスでの出来事と同様、野郎は女官のミドルモア令夫人からリボンを奪い去った。場所はグリニッジ、后の宮の奥の間であった。前回と同様、令夫人から頼まれた、リボンをお取り返しあそばせ。以前と同じように、その野郎のところに赴き、返すよう丁寧に申し出た。だが野郎は、知れたことよ、とフランスの奴と同じく拒んだ。それで野郎の首根っこを押さえつけ、今まさに投げ飛ばす寸前のところだった。するとそこに、仲間が割って入り、ふたりを分けた。その野郎に決闘を申し込み、ハイド・パークのそばで決闘の舞台となる処に行ってみると、枢密院の命により阻止された。そのスコットランド人については、それ以来、風の便りもない。

これらのエピソードを、同じ時系列ではないにしても、ここで語る理由《わけ》は、同種の話を羅列するだけで論証となり、騎士の誓願を墨守しているのが解ってもらえるからである。残りの決闘も実話を語ることができる。キリスト教国の偉大な君主の宮廷や陣営で生涯を過ごしてきたが、それでも自分のためだけに他人と争い、喧嘩をしたことは一度もない。私自身としては、血の気が多くすぐにカッとなる質だが、それでいて兇状持ち《きょうじょうも》ちということもなく、誰かに仕掛けられて怒髪天を衝く態《てい》に陥ったこともない。しかも、同じ時代の人と較べても、武勇に関する名声は一点の曇りもない。身内のためには命を賭して闘ったことしばしばであるが、己のために抜身の剣を振りかざしたことはない。ただ常に恥辱を憎み、侮辱的な行為に憤慨することはあっても、人を憎んだことはない。話が逸れたので、もとに戻そう。

武勇の誉れ高きフランスの元帥閣下から、以前にもまして寵愛を受けた。メルルーから五、六マイル離れたシャンティイの美しき城に向けて出立される際、ここメルルーの居城と猟場の森とを自由に使ってよいと仰せになられたほどだ。猟場には野猪や鹿が溢れ、好きな時に狩りが楽しめる。続けて、軍馬に乗る訓練をしたいのなら、フランスでも選りすぐりの軍馬五十頭余りを擁する厩舎があり、師範プリュヴィネルやラブルーに優るとも劣らない閣下お抱えの馬術師ディザンクール殿に馬術の心得を教わるとよい、と仰せになった。かねてより軍馬に乗る訓練を受けるのが夢で、心の底より感謝し閣下の申し出を受けた。森での狩については、獲物の数を減らさないよう、控えめにする所存と伝えた。閣下はさらに、調馬師に食卓の準備を、小姓らに身の世話を言いつけた。小姓を統轄する頭はメノン［ムヌー］殿といい、フランスで最高の馬術家である。名伯楽のメノン殿は現在パリで馬術学校を経営している。当時のフランスの風潮が明らかになると思われるので、師弟の間で交わされたやり取りを披露しよう。決闘で人の命を奪ったことがない人々の中で、注目に値する人物はそう滅多にいないから。

メノン殿が師ディザンクール殿に、姪御様を妻として迎えたいと申し出でると、師は自分の跡取りになるかも知れぬと考え、弟子にこう答えた。時期尚早だ。祝言を挙げるまえに為すべきことを教えて進ぜよう。強者《つわもの》になりたくば、まず一対一の決闘で二、三人殺め、次に嫁を娶り二、三人子を儲けるがよい。そうすれば、世の人数《ひとかず》は帳尻が合うというもの。ディザンクール殿がこの人生の指針を創案したとは妙である。生涯で三、四度勇敢にも決闘する機会に恵まれ、少なくとも前半部分の範例となりえたのは事実だが。

ここメルルーに滞在するようになってから、午前中は軍馬に跨り、昼からは何度も狩りに出た。狩猟の仕方はこうだ。モンモランシー公爵がメルルーの町と隣接する村の借地人らに、私が狩りに出るとき勢子《せこ》を務めよと命じてあった。私の呼びかけに応じて、獲物を狩りたいと思う森に太鼓と小銃を携え、数にして通常は六十から八十、時に百人以上参集してくる。供の者たちは森のあちら側から、鉄砲を撃ち太鼓を鳴らすなど音を立てながら森に入る。我らは森のこちら側から、マスティフ犬とグレーハウンド犬（モンモランシー閣下が城の近くで飼っている）を数にして二、三十四を放ち、猟犬が獲物を追い立てるのを待つ。赤鹿の雄や野猪が狩り出されても普段は見逃し、豺狼《さいろう》だけを追う。半狼犬は森にとてもたくさんいて、二種類に分類できる。マスティフとの交雑狼犬は肢が太くて短いが、実際には足が速く、猟犬と格闘することがある。グレーハウンドとの交雑狼犬は肢が長く敏捷で、最速の猟犬でさえ追いつけず追跡を免れるものも多いが、追いつかれるとあまり抵抗せず、難なく仕留められる。ここに滞在中、剣でこの二種類の半狼犬を何度も討ち取った。

ある時、幸運にも、こんな風に野猪を仕留めたことがある。野猪がねぐらから狩り立てられ、我らの前に姿を現した。しばらく猟犬が吠えるにまかせていたが、激しく責め立てられると犬の方を向き、二、三匹をひどく傷つけた。鞍上で駈け寄り、剣で二、三度突いたが歯が立たなかった。剣先が獣皮を貫くほど鋭利でなかったらしい。攻撃を受けた野猪は私に牙を剥《む》き、馬をお釈迦にしそうな勢いだったので、少し先で馬を降り馬丁に預けた。再び剣を取り野猪に襲いかかった。野猪はこの時までにさらに多くの猟犬を駄目にしていた。かなり激しく格闘をした。その時、何度か剣で突きを喰らわせたが、ある箇所は獣皮を突き抜けた。そのせいか私めがけて猪突猛進するとみえ、脇に少し身を躱《かわ》して猪牙を避けると、また歯向かってきた。すると猟犬が間に入り奴を引き離すと、今度は猟犬を襲った。何度か私と犬とで交互に攻撃を繰り返し、ようやく野猪にとどめを刺した。この現場に、ディザンクール殿やメノン殿それにタウンゼンド氏も居合わせたが、窮地に際して援護してくれるどころか、退却するのに一生懸命であった。猪肉に塩と胡椒をまぶし、さらにラード油で風味を添え、シュロップシアの伯父ニューポートに贈った。美味この上ない代物だったという。

　このようにひと夏の間ずっと、ある時は馬術の稽古や狩猟に明け暮れ、またある時はモンモランシー公爵のご機嫌を伺いにシャンティイの城館に参上した。

　シャンティイが風光明媚な領地となった立地条件を祖述し、その絶景を描いておく。ある小高い丘から小さな川が、ほとんどすべてが閣下の所領である地域を流れている。川の流れは渓谷の真ん中にある岩石に阻まれ、右あるいは左に下る。モンモランシー家の父祖が川の流れをよくするため、岩場に何本も水路を設けた。このようにして岩場を割って小さな島ができ、それぞれの嶼《しま》に橋が渡され、その上に堅牢な城が建てられた。城内には、絹糸や金糸の綴れ織り《タピストリー》と希有な絵画および彫像で豪華に飾られている。すべての建物は水で取り囲まれているが、先述の如く連結していて、しかも岩場から切り出した石で敷き詰められている。大きな鯉や鮃《パイク》や鱒が生け簀に飼われており、自由に泳ぎ回る姿が見られる。だが私見では、建造物と同じ高さにまで生長した隣接する森ほど、この城に栄誉を与えるものは他にない。森全体は広大な面積で、そびえ立つ樹木と茂りに繋った下生え、野猪や赤鹿や小鹿《ノロジカ》などが多く棲息し、あらゆる方角に林道が走っている。そのお陰で、猟犬が藪に入り獲物を追いかけても、狩人はその道を駒で進み、いずれかの道で獲物に遭遇するか、あるいは追いつく仕組みとなっている。森は工夫を凝らし切り拓かれており、林道は隈なく繋がっている。ここでもまた、その時とそれから後も、閣下の御子息で比類なき城館を継承したモンモランシー公爵［二代目アンリ］と一緒に、何度か野猪を仕留めた。

そして老元帥閣下より、この見事な迷宮から城に戻る方策を授かったが、そのことが今でも忘れられない。まず、人の手が加わっていない鬱蒼とした森林はどちらの側にあるかを見る。その方角が北である。次に、その木立に向かって右手が東の方角である。すると、城へ戻る道が判ると。

森を背景に持つこの名城が如何ほどに価値があったかは、ここに差し挟むふたつの挿話で知れるであろう。フランソワ一世の御代、神聖ローマ帝国皇帝カール五世［スペイン王カルロス一世］がスペインからフランスを経由して低地帯に赴く際、同様に元帥であったモンモランシー公爵［先代のアンヌ・ド・モンモランシー］より、この城でしばし歓待を受けた。皇帝は城が森に隣接していることなどを考慮され、次のように仰せられたという。このような景勝地は、ふたつとないと思う。この城を献上してくれるのであれば、低地帯の属州をひとつ進ぜるに吝《やぶさ》かではないと。

アンリ四世もまた、この名城を所望された。仏王の数ある城館のひとつに、さらに価値ある領地を加えて交換するのはどうかと。その要請に対して、モンモランシー公爵が答えて曰く。英語に訳すと、陛下、この城は王家の持ち物でございます。陛下のためにこの城を管理する許可を賜らんと。［アンリ・モンモランシーの三女シャルロット＝マルグリットは、アンリ四世の愛妾］

八ヵ月あまりメルルーで過ごし馬術では免許皆伝となり、シャンティイにモンモランシー公爵を訪ねた。ご高配に見合った謝辞を捧げ、パリに行くため暇乞いをした。するとすぐ、老公爵は私を抱擁し息子よと呼びかけ、ご機嫌ようと言われた。別れの挨拶を済ませたばかりなのに、これから先も好意と敬意を表せる機会があればうれしく思うと念を押された上で、すぐにパリに戻るので、また会おうと告げられた。シャンティイからメルルーに戻り、ディザンクール殿に食事の世話と馬術の稽古のお礼として、贈り物をした。出発準備が整ったとき、モンモランシー公爵から遣いが来て、愛情の手付けとなる贈り物を受け取るまで出立なされぬように、と引き留められた。小馬を一頭贈られた。使者の話によれば、公爵閣下が急遽スペインより取り寄せた小馬で、クラウン金貨で五百枚の値がつくという。受け取った贈り物の価値と親切なお言葉のため、それに見合う返礼の仕方も解らず、とても困惑した。フランスに連れて来た馬たち（公爵にとっても高価な代物）を献上しようと思ったが、それでは足らぬと身に染みて感じた。そのような私の気持ちを察せられ機先を制するが如く、公爵より言伝を賜った。翁を大切に思うなら、フランス滞在中返礼は無用である。ただ、イギリスに戻られたなら、自然な足並みで側対歩ができる牝馬《ひんば》を一頭頂ければ幸いであると。あらゆる手を尽くし、その様に致す所存であると使者に言伝を託すとともに、丁重に謝意を表し、心付けを十分に持たせて帰した。

パリに戻ってきた。駐仏イギリス大使の仲立ちで、比類なき学者イザク・カゾボン［ジュネーヴ生まれのフランスの古典学者、一六一〇年にイギリスに招聘される］の邸宅に招かれた。お話を伺い、得るもの大であった。さらに、フランスの師範の例に倣い、剣の使い方、軍馬の乗り方、リュートの弾き方、発声術に専心した[38]。

時に、フランス国王アンリ四世の宮中に参内した。チュイルリーの庭園で私のことを聞きつけて、陛下は優しいお言葉を掛けてくださり、しばし抱擁された。時に、［前］王妃マルグリットに拝謁するため、その名を冠する市内の屋敷を訪ねた[39]。そこでは舞踏会や仮面舞踏会が盛んに催された。私は王妃の命で、常に妃殿下の隣の席に公然と坐らされた。常々その座を占める栄誉に浴していた者から、ある時は怪しまれ、ある時は嫉妬されないわけでもなかった。その屋敷にいたとき、ある出来事に遭遇した。

舞踏会の準備がすべて整い各人がそれぞれの席に着き、私も妃殿下の隣に陣取り舞踏が始まるのを心待ちにしていたとき、礼儀作法に悖るほど、門を乱暴にドンドンと敲く音がした。入場すると、突然ご婦人方が色めき立ち、バラニー様だわ、と囁く声がしたのを憶えている[40]。すると間もなく、女たちが次々とその人物を自分の傍らに坐らせようと、争奪戦が始まった。ある貴婦人が彼としばらく同伴した後、別の夫人が、長時間独占なされたのですから、是非ともこの方を拝借致しますわ、とぬけぬけと言った。厚顔無恥な態度に仰天したが、当の人物がせいぜい並みの男前に過ぎず、不思議でたまらなかった。髪は短く刈り込んだ胡麻塩、胴衣はシャツ用に裁断した麻布製、半ズボンは質素な灰色の生地で作られていた。そばにいた人に、人物評を訊いた。一対一の決闘で八、九人を殺め、巷で評判の豪傑だという。それで女性たちはバラニー殿《どん》をちやほやしているらしい。というのも、英雄崇拝がフランス人女性の流儀であり、女人の通説では、体面を保つしか能のない男は崇める値打ちがない、という。この騎士は白髪まじりだが、三十歳に満たなかった。後にジュリアーズ包囲の際、彼との間でちょっとした諍《いさか》いが起こる。ここでしっかりと記憶に留めておこう。その因縁話は、いずれ然るべきところでする。

この冬の間ずっと〔一六一〇年〕一月の末頃まで、このようにして過ごした。ここ〔パリ〕では、特筆に値するほど記憶に残る出来事はなかった。フランス王と〔前〕王妃マルグリット、それに各宮廷の貴族や貴婦人に暇乞いをした。その時コンティ親王妃〔ルイーズ＝マルグリット・ド・ロレーヌ、ギーズ公アンリの娘でフランソワ・ド・ブルボン公爵の妻〕より、スカーフを英国まで持ち帰り、妾《わらわ》からといってイギリスのアン王妃に贈り物を渡してほしい、と頼まれた。その件を承諾し、道連れに〔二代目〕サー・トマス・ルーシー（彼はフランスでふたりの同胞の騎士に対して二度決闘をしたことがある。その折、彼の介添人を務めたが、指定場所で敵方を待ち構えていたものの、横槍が入り果たせなかった）を選び、はるばるノルマンディーの港町ディエップまで行き、二月の初め頃だったか船に乗った。そのとき凄まじい嵐に襲われ、一晩中海の上で恐怖に慄いた。航海長は羅針盤が使えず、理性を失ってしまった。暴風雨ゆえにどこへ漂流しているのかも解らず、航海長が利用できる手だては稲妻だけだった。それも、その夜ひっきりなしに雷鳴が轟き、生きた心地がしなかったが、その閃光がイギリスの岸に向かっているのかどうか判別するのに役立った。航海長は何度も望遠鏡をのぞき込み、目的の岸に近づいていると判断した。さて、明け方近く神のお導きにより白亜の断崖が視界に入り、その方向に針路を取った。ドーヴァーの人々は朝早めに起き、船が波間を漂い流れ着くのを心待ちに、大勢が岸壁に集まっていた。昨夜の大時化《おおしけ》で町近くの納屋や木々が吹き倒され、もしかしたら難破船が漂着して一儲けできるのではないかと、獲らぬ狸の皮算用をしていたのだ。このようにして極めて難儀しながら、一路ドーヴァーの岸壁に向かった。埠頭は海に突き出ていて、不運にも船が埠頭に激突した。航海長がフランス語で、皆の者、難破だ、と叫んだ。私自身も船が軋む大音声と航海長が発した破船の告知を聞き、命を惜しむ者は海に飛び込むべき潮時だと思った。船酔いが酷かったが、船室から出てマストをちょいと駆け上がり、剣を抜いて振りかざした。ドーヴァーの水夫《かこ》がその合図を認めて、櫂《かい》が六つの舟《ボート》に乗り込み命がけで我々を救助しに来た。舷側《げんそく》に接するも、危機一髪だった。剣を手にした私が一番乗りして、トマス・ルーシーの名を叫んで、こう言い放った。彼より先に乗り込む奴がいたら、剣で目に物見せてやると。彼の忠実な召使いがこれに応えて、船酔いで青息吐息のルーシーを船室から連れ出した。友を腕に抱き介抱し、舟を岸へ進ませた。我々の救助に向かうもう一艘の舟が見えたので、尚更であった。その時、親書を扱うフランスの飛脚が、大胆にも船の頂辺から我らの舟に飛び乗った。着地点が舟の頑丈な木材の上だったのが幸いした。もし厚板の上でなければ、板子を突き抜け沈没の憂き目に遭ったに相違ない。幸い我らふたりと一緒に上陸した。告白せねばならぬが、水夫が抱いた思いと同様、飛脚の無謀な試みゆえに、奴を抹殺してやろうと考えた。しかし、実行に移さなくてよかった、何ら害もなく一同上陸して命拾いをしたのだから。岸に上がり、舟を何艘も派遣し、船に残っている人と馬を助け出す手だてを講じた。船は全体が壊れ難船し、航海長を気の毒に思い、その損出にルーシーと併せて三十ポンドを与えた。けれど、船の損傷は思ったほど甚大ではなく、潮が引くと長は壊れた箇所を修復した。

ロンドンへ帰り宮中に参内した。陛下の御手に接吻をしてから、フランスの現状を逐一報告した。コンティ親王妃から預かった贈り物をアン王妃に献上するのに、拝謁して直接手渡すのも無礼だと思い侍女のひとりに託したが、王妃殿下はそれに満足されず出頭するように命じられた。公爵夫人［親王妃］とフランス宮廷について様々に質問をされ、いずれ詳らかに伺いたいと仰せになった。その目的で、何度か王妃殿下に伺候するよう命ぜられ、礼物《れいもつ》は何がよいかなど相談を承った。
とはいえ、何週間もしないうちに妻子のもとに帰った。しばらく家族と時を過ごした。時に学問に専念し、時に軍馬に乗るなどして。立派な設備の厩舎も建てた。フランスから連れ帰ったスペインの小馬ほど可愛いやつはない。小馬の私に対する愛情も深く、もともと気性は荒いが、私以外だれも乗せようとせず、私が跨っている時はだれも寄せ付けないほどであった。小馬の勇姿は、屋敷の礼拝室に掲げた私の肖像画（騎馬像）［所在不明］で観ることができる。ラテン語で銘を添えた。

最高善よ、小生を善の亀鑑になし給え。
自分自身でも、傲慢不遜を償うゆえに。

その小馬は私が厩舎に行くとすぐ嘶《いなな》き、さらに近づくと手を嘗める。好き勝手にさせると頬まで嘗めるが、それでいて後ろ肢のかかとにはだれひとりとして近づけさせない。この小馬を譲ってくれるなら二百ポンド出してもよいと、サー・トマス・ルーシーにしつこく拝み倒された。その金子を受け取る気は毛頭なかったが、低地帯へ出征するのに先立ち譲った。だが、ほどなくして死んだ。私が低地帯へ征く契機となった事情はこうだ。クレーヴズ・ジュリアーズ［クレーフェ＝ユーリヒ］

公爵領および低地帯と神聖ローマ帝国の間にある諸州の継承権をめぐり、その公位を要求する者たちの間で紛争が起こり、フランス王自身が大軍を率いてその地域に進軍するとの風説を耳にしたからだ。[41] 時はキリスト紀元一六一〇年、チャンドス卿［グレイ・ブリッジズ］と私は低地帯へ船で渡り、そこからジュリアーズに入る意を固めた。そのジュリアーズの都市をオレンジ公［ナッサウ伯マウリッツ、後のオラニエ公］が包囲することになった。[42] 大急ぎで行ってみると、包囲はまだ始まったばかりで、低地帯軍はサー・エドワード・セシル麾下四千名のイギリス兵で補強されていた。ほどなく［一六一〇年五月十四日］、仏王アンリ四世が悪党ラヴァイヤックに暗殺され、その名代としてフランス陸軍元帥［クロード・］ラ・シャトルが大軍を率いて到着。その陸軍に、因縁のバラニー殿が大佐として着任した。

チャンドス卿はサー・ホレース・ヴィアの陣営に投宿し、私はサー・エドワード・セシルの陣営に同宿した。セシル閣下の隣に小屋を建て、昼夜を問わず塹壕に通った。我らイギリス軍が片方から、フランス軍がもう一方から、敵地に通じる塹壕を掘っていた。敵の要塞は、水を湛えた深い濠に囲まれており、しかもキリスト教界では難攻不落で最強と噂されるほどで、我が軍の戦列が城砦の防塁まで掘り進めるのは、至難の業だった。敵地に通じる塹壕を掘るに際して多くの人命が失われた。というのも、城砦の都市には、大砲や鉄砲が十分に装備され、市民のほか約四千名の守備隊に護られていたから。セシルは便々として待つタイプの将軍ではなく、包囲中何度も、夜半に自ら前衛を捕らえようとしたものだった。その目的で常に私を同行させたが、お蔭でふたりして何度も身を危険に晒した。第一の歩哨が第二の歩哨に、また第二の歩哨が第三の歩哨に交代するとき、通常我らに向けて弾を三発撃ち込む。弾を撃つ前には為す術なしだが、発射の後には、敵の番兵のすぐそばまで奴らを剣で追い回した。前衛を追いかける際、かなりスリルを味わった。

ある日、セシルと私は、フランス軍が敵の胸壁や稜保を目指して掘り進めていたバラニーの塹壕を訪れた。バラニーが、セシルと仏軍のお歴々を前にして、フランス語で宣わった。貴殿らはイギリスで最強の勇者と誉れが高い。吾こそは、バラニーなり。腕に覚えのある強者よ、度胸試しを望むと。名乗りを上げるとすぐ、奴は塹壕から跳び出し剣を抜いて躍り出た。私も負けじ魂で、すぐさま同様に、後を追って出た。しばらくふたりで腕競べをしていたら、敵兵に見つかり、胸壁と幕壁から三、四百の砲撃を雨あられと見舞われた。ふたりとも先を競って逃げ出したのは、跳び出した塹壕と我らめがけて、これらすべての弾が集中砲火されたからである。バラニーが砲弾の嵐を見て、ここは攻撃が激しすぎるな、とフランス語で言った。フランス語で答えてやった、お前が先に逃げろ、でなければ俺は梃子でも動かぬと。すぐさま彼が全速力で幾分か腰を曲げ身をかがめながら退却。私は背筋を伸ばし悠然と後を追い塹壕にもぐり込めたものの、敵が胸壁や幕壁で弾薬の再装填が済むまでのことであった。意地の張り合いが後にオレンジ公の知るところとなり、バラニー殿のとんだ空威張りで、ふたりとも犬死にするところであったと漏らされた。

包囲中で瞠目に値する武勲の数々を挙げ連ねてもよいが、虚飾に花を添えるのは控えよう。ただひとつだけで十分である。攻撃を加える各国の中で、城砦を取り囲む濠を渡り、城壁に真っ先に突入したのは、何を隠そうこの私である。このことは、文学修士で軍人のウィリアム・クロスが書き、低地帯史［エドワード・グリムストンの第二版で続編］として出版されている。

この包囲の最中、私とウォルデン卿［シオフィラス・ハワード］との間に、個人的なもめ事が生じた。ウォルデン卿は、当時の大蔵卿サフォーク伯［トマス・ハワード］の嫡男で、その名家には尊敬の念を深く抱いており、あまり筆は進まないものの、痛くもない腹を探られたくもなく、ここに真実を記す。ウォルデン卿はサー・ホレース・ヴィア陣営の宴会に招かれていた。私は（オランダ風に）底抜けに呑み、ほどなくしてセシル陣営に戻った。その時、ウォルデン卿に些細なことで陽気に話しかけたのがいけなかった。卿は素面ならあり得ないほど戯れ言に腹を立て、私に狙いを定め猛烈に攻めてきた。その様子を見て、間合いを詰めた。周りの者たちが警戒し、斬り合いが始まる前に割って入った。とはいえ、卿が先に手を出したことであり、翌日決闘状を叩きつけた。何か言い分があれば、だれにも邪魔されないところで落ち合おうではないか、と挑発した。直後、卿のお先棒を担ぐサー・

トマス・ペイトンが私のもとにやって来て、卿は剣による騎乗での決闘がお望みです、さらに続けて、拙者が卿の介添人を務めますが、お手前にはどなたかいらっしゃいますか、ときた。卿も私もこの地に軍馬を連れてきていません。卿は小生よりも強い馬を借りられるでしょう。でも、場所が定まれば、直ちに騎乗か徒歩かを問わず、かならずやその場に参りますと決意を表明した。その後、ふたりで森のはずれまで騸馬《せんば》［去勢牡馬］で行くと、ペイトンがこう切り出した、卿は舞台をここと決められています。時は、翌朝夜明けにと。それに答えて、今乗っている駑馬《どば》より強靭な馬を得られるかは解りませぬが、刻限と場所を違えることはありません。介添人については、腰巾着の貴殿を信頼して、尋常の勝負を見届けてもらいましょうと。それでもペイトンは介添人に拘った。頼れる者とて他になく、軍の友に漏らすと、私闘自体が発覚し横槍が入るのではないかと惧れます、と断った。

ペイトンが立ち去って間もなく、夜の帳が降りた。夜の間、見事な槲《かしわ》の木陰で休もうと思った。もう一本の木に馬を手綱で繋ぎ止め、うつらうつらして二時間も経たぬ間に、人気のない森で思いのほか近くで焚火《たきび》が上がった。すぐさま好奇心に駆られ、そのわけを探りに馬に跨った。さほど駒を進めないうちに兵士の話し声が聞こえ、スコットランド陣営であることが解った。厩に使えそうな駿馬を見つけ、適当な金額で買えないものかと持ちかけた。兵卒の返事では、大尉サー・ジェイムズ・アースキンの持ち馬であるという。大尉殿にお取り次ぎを申し出ると、不在であるとの由。それで中尉に面会を求めると、ありがたいことに、兵卒が連れて来てくれた。中尉の名はモントゴメリーで、名だたる豪勇の騎士であった。先ほど見かけました駿馬《しゅんめ》を、できますれば買わせて頂きたいのですが、と願い出た。ここの馬は売り物ではない、とにべもなく断られた。一日か二日お借りできれば、担保に金子《きんす》百枚をお預けします。馬を無傷でお返しできれば、保証金を戻して頂き、その代わりに感謝の印として贈り物を進ぜましょうと交渉した。

モントゴメリー中尉は私とは面識がなかったが、隠密裡の私闘に軍馬が必要であろうと察してくれた。どなた様であろうと、名のある御仁とお見受け致しました。厩の駿馬をご自由にお使い下さい。もし、決闘で介添人が必要であれば、某がもう一頭の馬に跨り、貴殿にお供いたしましょう。介添人を務めるという条件なら、軍馬の質《しち》は不要です。介添人はつけません。駿馬の担保に、是非とも手持ちの金子百枚をお納め下さい。すぐに私の消息が伝わりましょう。介添人の申し出をお断りいたしますが、終生そのご恩に感謝いたします。そう言い終わるとすぐ、金子の入った巾着を渡し、駑馬から駿馬に鞍替えした。

このような次第で、夜更けの十二時頃、もといた森まで駒を進めてから、馬を降り朝まで休息を取った。夜が白々と明け、鞍上でウォルデン卿とその介添人を待ち受けた。最初に現れた人物は歩兵で、後で聞いた話では、ウォルデン卿のお方様が遣わせたという。歩兵は私を見るなり一目散に逃げ帰った。後を追うかと思ったが、思い直してその場に止どまった。約二時間後、［アイルランドの］マンスター地方の現長官サー・ウィリアム・セントレジャーが到着。長官の話によると、私がここにいる理由は解っている。ことが露見したのは、ウォルデン卿が朝まだきより床を離れ、それでペイントンを介添人に決闘する気であるという疑惑が持ち上がり、長官が事実を確かめに出張ってきたという。さらに、我らの決闘を阻止すべく、三、四十人やって来るらしい。話が終わるか終らないうちに、大勢現れて説得し始めた。決闘はご法度だ。阻止するために拙者らが派遣された。ここで待っても無駄だと。言い終わると、ウォルデン卿を捜しに立ち去った。それから二時間しびれを切らすものの、さらに大勢やって来るのを見て、スコットランド陣営へ出向き軍馬を返した。モントゴメリー中尉からお金と駑馬を受け取り、フランス陣営に引き返し、ウォルデン卿にもう一度改めて決闘状を送る時機が到来するまで鳴りを潜めた。

フランス陣営に戻るとバラニーの虚勢が思い出され、彼奴《きやつ》のもとを訪れた。おぬしが臆病なことは解っている。さきごろ塹壕へ出向いたとき、手合せを申し出たな。そのお返しにもう一勝負、挑戦を受けてみろ。聞くところによると、おぬしには恋慕する貴婦人がいて、その御方から貰ったスカーフを身に着けているそうだな。私がお慕い申し上げる意中のご夫人の美しさといったら、おぬしの姫君など比べ物にならぬは。俺はその御方のためなら、おぬしや他の奴ら以上に、たとえ火の中水の底、命だって賭してもよいと断言する。バラニーは焚き付けられても、上の空でこちらに顔を向け、どっちが思い姫に仕えるのに相応しいか決めたいなら、ふたりして遊女を抱き、ご奉仕がよくできる方を勇者としようではないか、とふざけた提案をしてはぐらかした。さらに奴としては、戦意喪失であると。奴を蔑むような目で見て、騎士というより女たらしの言い種だな、と愚弄した。挑発に乗ってこず、駒を進めてモンモランシー一派に属する先述［後述の誤り］の騎士テラン殿に会いに行った。テラン殿が言うには、もうひとり別の人物と決闘をするという。それを聞き、テラン殿の介添人を買って出た。けれど、もうすでに人選が済んでおり、仕方なくイギリス陣営に戻り、ウォルデン卿に決闘状を送る好機を窺った。陣営に着くとすぐ、サー・トマス・サマセット［王璽尚書ウスター伯エドワードの三男］が本営に十一か十二人を従えていた。中隊を編成中だった。鞍上の私に馬丁がひとりしか仕えていないのを見て、ウォルデン卿との私闘のことで侮辱的な言葉を発した。すぐさま馬を降り馬丁に預け、剣を抜いた。奴は斬りかかってくるのを見るやいなや、郎党とともに剣を振りかざした。仲間が間に割って入ったので、敵の突きを受け流しながらサマセットをひたすら目指した。奴の突きを躱し確かに捕らえたかに思えたが、その瞬間、中尉のプリチャードが私の肩を掴み、脇に押しやられた。再度やり直して奴のもとに駆け寄った。奴はその状況を察して、一同の者と近くの天幕に難を逃れた。ただ、プロジャーという人物と何人かに、深傷《ふかで》ではないにしても手傷を負わせてやった。しかし、奴ら全員天幕に隠れてしまい、致し方なく馬に戻った。私が蒙った損傷といえば、脾腹にちょっとした怪我とふたつの突きであった、一方は胴衣の裾を突き抜けており、もう一方は半ズボンをやはり貫通していた。それに刀身と柄に併せて約十八箇所に及ぶ刃毀《はこぼ》れと刻み目があった。それで、味方がいるジュリアーズの城砦前の塹壕に帰った。

それからほどなく、［一六一〇年八月二十二日］ジュリアーズの都市が降服し、おのおの帰り支度を始めた。私も人を遣わせ、再度ウォルデン卿に一戦交えるよう求めた。今度は卿が、あまり巧いやり方とは言えないが、（現ホランド伯サー・ヘンリー・リッチの説得に反して）取り消した。

サー・エドワード・セシル閣下に別れを告げ本国に帰る途上、デュッセルドルフまで足を延ばそうと思った。宿に着いて二時間も経たないうちに、ハミルトンと名乗る中尉が、（同様にそのとき町にいた）サー・ジェイムズ・アースキン大尉からといって、私宛てに手紙を携えてきた。手紙の趣旨はこうだ。モントゴメリー中尉の話によると、小生は大尉の軍馬を借りる承諾を得たというが、その虚偽の申告に関してふたつの内どちらかを選べとの仰せである。つまり、前言を取り消すか（大尉の胸の内では、撤回はあり得ないらしい）、あるいは、もしそうだと言い張るのであれば、日取りを決めて決闘をせよと。この案件ですべきことをしばらく考えた上で、出した答えをハミルトン中尉に伝えた。提案のうちで騎士に相応しい方、決闘を選ぶと。実はその時、承諾を得たのではなく違う条件で拝借した、と事実を説明して誤解を解く方が簡単であったが。それでハミルトン中尉に剣の長さを測らせたあと、この件を一刻も早く済ませるべく、日時と場所が決まり次第すぐにでも果し合いをする旨を伝えた。ハミルトン中尉が返答を携えて帰る途中、(天の如何なる配剤か判らないが、奇遇にも)四辻でモントゴメリー中尉に鉢合わせした。ジュリアーズ包囲中に負傷した傷痍軍人を都市に連れ帰り、宿営して外科的処置を講じる手はずであるという。ハミルトンはモントゴメリーを呼んで、大尉の手紙の趣旨と私の返事を明かした。モントゴメリーがそれを聞くとすぐ、(ハミルトンが後に語ったところによると)もうひとりの中尉ハミルトンに釈明した。あの御仁なら反論するより決闘を選ぶでしょう。でも拙者の吐いた嘘でどちらか一方を命の危険に晒すわけにはいきません。本陣に戻り馬を降りたら、取るものもとりあえず大尉殿に事情をご説明致しましょうと。モントゴメリー中尉は、先述したとおり、馬の貸し借りの経緯をアースキン大尉に報告し、大尉も即座に諒承。即刻ハミルトン中尉を私の処に遣わし、以下のように詫びを入れた。これ以上もう何も言うことはないが、モントゴメリー中尉は極めて忠実な部下であり、貴君をあのように問い質して申し訳ないと。

雑務に追われて、なかなかデュッセルドルフを発てなかった。翌日、モントゴメリー中尉が訪ねてきた。今の職を失う可能性が高く、オレンジ公に復職できるよう仲立ちしてくれまいかと頼まれた。

でなければ破滅だという。復職できるよう尽力しよう、できなければ道連れとして、前職に劣らず立派な地位・役職に就けるまで金銭的に援助しようと宥めた。中尉は私の申し出に感謝したが、まずは私の推薦状を携えてオレンジ公に取り次ぎを求めた。そのあと、念願叶って召し抱えられた。

これに方《かた》が付くと、舟に乗りライン川を下って低地帯に入った。すこし逗留したあと、アントワープとブリュッセルに到着。しばらくそこの宮廷で時を過ごしてから、カレーに赴き船でドーヴァーを渡りロンドンに帰った。二日と経たないうちに、枢密院から使者が来て、ウォルデン卿との諍い事にけりが付いたことが判った。そして今では、自惚れるわけではないが、宮廷や市井の人々から一目置かれる存在となり、それまで付き合いのなかった者から引っ張り蛸《だこ》となった。ドーセット伯リチャード［・サックヴィル、令夫人はレディ・アン・クリフォード］もこれまで面識がなかったが、ある日、［フリート街の］ドーセット・ハウスに招かれた。(43) 陳列の間《ギャラリー》に案内され、名画をたくさん見せてもらった。最後に緑のタフタ織りが懸けられた額縁を前にして、絵に描かれた人物はどなたでしょう、と尋ねられた。問うてすぐ帷《カーテン》を引くと、私の似姿が現れた。どのような経緯で私の肖像画を手に入れられたのですかと訊くと、貴殿の武勇伝を数々伺いましてね。ラーキンとかいう画家に描かせた肖像画の模写だという。原画は低地帯へ出立する前に、サー・トマス・ルーシーに贈ったものだ［チャールコート・パークに、ナショナル・トラスト蔵］。ドーセット伯だけではなく、名を伏せて然るべき高貴な御方まで模写を手に入れ、私室に飾られたという。（なぜそのようなことになったのか、そのわけを知る術もないが）御方の死後、その絵を観た方々により、思いのほか噂が立った。正直に言うと、肖像画を描かせて、口外できない数多の理由のため、命を狙われる破目になった。

私の肖像画を手にした貴夫人が、もうひとりいる。サー・ジョン・エアーズ［エアー］のお内儀で、ラーキンから先の模写を入手する策を練った。ブラックフライアーズの画家アイザック［・オリヴァー］氏に渡し、細密画を描かせたのだ。出来上がると、金のペンダントに嵌め込み琺瑯《ほうろう》を施した上で、鎖を長くして胸の谷間に隠したという。思うに、それがジョン・エアーズの知るところとなり、必要以上に嫉妬の炎を燃え上がらせた。あえて火遊びをし夫婦の間に波風を立てるなんて滅相もない、と旦那に分かってもらいたかった。奥方が私の図絵を所持しているとは想像だにしてなかったし、道ならぬ懸想をしておられるとは知る由もなかった。なるほど、奥方［ドロシー・バルストロード］は宮廷ではある程度の地位で、アン王妃に仕え、そのうえ才気煥発であることからも判るとおり、それなりの要人である。だが、ふたりの間に通常の礼法を逸するものはほとんどないに等しく、ただ白状すると、私が傍らにいる時は愛想よく迎え入れられる男はないのは事実である。よって、申し開きをしておく。

ある日、お方様の寝室に伺ったとき、寝台の帷越《とばり》しに令夫人が臥せておられるのが見えた。一方の手には蝋燭、もう一方の手には先述の細密画を持っておられた。幾分大胆に近寄ってみると、燭火を吹き消し、絵を隠した。それで手に何を持っているのか知りたくなり、再度蝋燭に火を点させると、その灯りに照らされて、並々ならぬ情熱を込めた眼差しで見つめていたものは、私の似姿であることが解った。この件は省いてもよかったのだが、やがて起こる流血事件の発端であるから割愛はできぬ。しかしながら、久遠の神の御前で、令夫人の汚名を晴らさなくてはならぬ。ところでその頃、いとやんごとなき御方［アン王妃］から、何度か伝令が来てその女御に侍するようにとのこと。王妃殿下の呼び出しには応じたものの、（そのことは神もご存知のはず）王妃殿下のご不興を蒙ることなく、頃合いを見て要請を断った。そうしたのは、ただ単に節操の理由があったばかりではなく、だれ人も引き裂くことのできない、私とある貴夫人との愛情のためであった。（その淑女は当代随一の美貌の持ち主であると思う）ロンドンでそれほど長く過ごさないうちに、激しい熱病に襲われた。落命の可能性を秘めていたが、徐々に回復した。このような次第で小康を得ると、ライル卿［ロバート・シドニー、サー・フィリップ・シドニーの弟］（後のレスター伯）が言葉をかけてくれた。サー・ジョン・エアーズが寝込みを襲う計画で、寝室と人前では護衛を付けた方がよいと。同じことを、ベドフォード伯夫人ルーシー［・ハリントン、ジョン・ダンなど文人の庇護者］、そしてその直後にレディ・ホビー［サー・エドワード・ホビーの二番目の妻か］からも忠告された。それで、サー・ウィリアム・ハーバート（現ポウィス卿）にお願いして、エアーズに面会のうえ言伝を頼んだ。お偉方から寄せられた情報にひどく困惑しております。原因に思い当たる節がありません。ですが、話があると仰せなら、己の足で立てるようなりましたら、すぐにでも会いに行きますから、卑怯な手段を使うのは止めて頂きたいと。サー・ウィリアムが持ち帰った返答は、煮え切らない生返事だった。エアーズの目論見が何であれ、はっきりと明かす意図がなかったようだ。後に判明したところによると、如何なる手を用いても私を闇に葬る計略であったらしい。というのは、彼の言い分によると、事実無根であるが、私が彼の妻女を寝取ったからだという。だが、私を襲う手だてを見出せず、次の趣旨の書状を送りつけてきた。無事に帰してやるから、どこかで落ち合おうと。当方の返事はこうだ。五分と五分の勝負をしたいというのであれば、闘う場所をお知らせください。闇討ちを仕掛けないと保証するのであれば、決闘に応じましょう。ただその時、理由を明確に提示することが条件です。暗殺が取り沙汰されていますから、それ以外の条件では御免を蒙ると。

　この後、エアーズは人倫に悖る行為で寝首を掻こうと苦心惨憺したものの、その甲斐もなく次のやり方で私に不意討ちを喰らわす決意を固めた。私は馬丁をふたり連れてホワイトホールへ出向くことになっていた。それを聞きつけたエアーズは、ストランド街方面から行くと、ホワイトホール手前にあるスコットランド・ヤードと呼ばれるところで、武装した四名の手下と待ち伏せた。ホワイトホールの大門まで馬で行く途中、暗殺未遂現場にさしかかると、奴が剣と短剣を持ち血眼になって私を目がけ突進して来た。それも、藪から棒に名乗り口上もなく、虚《きょ》を衝かれた。けれど、私ではなく馬に狙いを定め、その胸部を骨に達するまでずぶりと剣を刺し込んだ。馬はギョッとして脇に寄ったが、それでもしつこく馬の肩を突いた。その突きで馬は腰砕けとなり、お陰で剣を抜く隙ができた。奴の手下どもが私を取り囲み、馬にさらに三箇所も傷を負わせた。このため馬は暴れだし蹴りを喰らわせ、手下は近寄れなくなった。この機に乗じ、全力でエアーズに打撃を試みた、奴は剣と短剣で攻撃を躱した。奴に手傷も負わせられず、かえって柄から約三十センチのところで剣が折れた。馬が何箇所も刺され血を流し、寄って集《たか》ってひとりを攻撃し、しかも襲われた側の剣が刃毀れするなど、この騒動を見ていた野次馬で私を知る人が、何度も私に向かって叫んだ、逃げろ、さあ早くと。如何なる用語で呼ぼうと、退却は卑怯と軽蔑しており、その場を去らず悠然と馬から降りた。片足を地につけるとすぐ、つけ回していたエアーズがまた馬を刺したので、降りた側に馬が倒れ、私も地面に倒れ込んだ。片足に鐙《あぶみ》をはき、右手に折れた剣を持ったままだった。好機と見たエアーズは馬まで走り寄り、私を剣で突き刺そうとしたが、この危機に際して、両腕を奴の脚まで伸ばしこちらに引き寄せ、奴を仰向けに頭から引き倒してやった。馬丁のひとり（シュロップシア出身の少年）が鐙から私の足を外した。もうひとりは図体ばかりがでかく、ウドの大木は最初の一撃を見た途端、逃げ去った。これでようやく両足を大地につけ、最高の攻撃体勢が整ったが、手にしていたのは、哀れ武器の残骸でしかなかった。エアーズも身構え、ホワイトホールの壁と私の間に立っていた。少なくとも一族郎党を二、三十人は連れて、それもサフォーク伯［ウォルデン卿ハワードの父トマス］の従者と一緒だった。このように私に敵対する大勢の輩がいたが、正直なところ、エアーズと手下の他はだれも抜き身の剣を持っていないのを観て、果敢にエアーズのもとに突進した。だが、奴は私の剣に切っ先がないのを承知しており、突きではなく振りかざしてくると思ったらしく、剣と短剣を頭上に掲げた。その構えを見てすぐ、奴の胸のど真ん中に突きをまともに喰らわせてやった。満身の力を込めてお見舞いし、後頭部から地面に倒れ踵《かかと》が宙を舞った。このあり様を見て、奴の手下が攻撃を仕掛けてきた。まさにその時、グラモガンシア［州］の郷紳マンセル氏が、多勢に無勢の非道を見咎め助太刀を買って出た。つまり、判官贔屓で奴の手下をひとり食い止めてくれた。スコットランドの郷紳も、もうひとりの手下と斬り合いを始め、蹴散らした。残るふたりの手下に私ができることと言えば、奴らの突きを躱すだけで、できるだけ間合いを保つようにした。だが、それより他に身の安全を確保する手段がないと考え直し、接近戦に持ち込むべく突撃すると、エアーズがやおら身構えること三度目だった。奴の突きを左手で受け流し、奴との間合いを詰めると、右の脇腹を短剣で刺された。短剣は肋骨を下り遥か腰まで達した。その痛みを感じた瞬間、右肘で奴の動きを封じ込め、それとともに右脇腹の上部に深く刺さった短剣の柄を握った奴の手を払い除けた。短剣は突き刺さったままであった。サー・ヘンリー・ケアリー（後にフォークランドとアイルランドの貴族に叙せられる）がその無惨な姿を見て、抜き去ってくれた。この間に、取っ組み合いをしていたエアーズの頭に傷を負わせ、三度目になるが奴を投げ飛ばした。地面に跪き馬乗りになって、渾身の力を振り絞り剣の残骸で奴を打擲した。その結果、四箇所におよぶ損傷を与え、奴の左手は切断寸前であった。ふたりの手下はこの間も私に攻撃を仕掛けてきたが、神の思し召しか、奇蹟的に命拾いをした。エアーズに止めを刺そうと剣を振り上げると、手下が攻撃を再開し、六度も払い除けることになった。奴の身内は、エアーズが私から負った深手《ふかで》が致命傷となるのを惧れ、奴の頭と肩を掴まえ私の股間《またぐら》から引きずり出すと、ホワイトホールまで運んで行き、浮桟橋で舟に乗せた。サー・ハーバート・クロフトから後で聞いた話によると、エアーズは舟上でずっと吐き続けていたという。思うに、奴に浴びせた最初の一太刀が功を奏したのであろう。奴の配下や兄弟それに親族もその場を立ち去り、今や私は闘いの場を治める支配者であり勝利者となった。手始めに奴から短剣をもぎ取り、次に奴の手から剣を叩き落としたのであるから。

この刃傷沙汰にけりが付くと、ストランド街の親戚の館に退き、外科医を呼んだ。右脇腹を診てもらうと、致命傷ではなく、全治約十日との見立て。その間に、国の名だたる方々から、訪問と激励を頂戴した。傷がすっかり癒えると、サー・ロバート・ハーレー〔遠戚でオクスフォードの学友、後の造幣局長〕にエアーズの屋敷を訪れ伝言を依頼した。あなた様におかれましては、名誉は残り少なく、その風前の灯火である名誉すら如何様にも腐《くた》すことも可能かと存じますが、雌雄を決すべく果たし状を捧げます。奴の返答によると、妻を寝取られ角が生えた応報に、窓からマスケット銃で狙撃するという。

枢密院は、まず私に剣の提出を求めた。襲われたとき、巷で流布する撃退法が俄に信じ難く、残骸を見たかったらしい。次に両者に呼び出し状を出した。私は故意に欠席し、ハンフリー・ヒルという人物に五分と五分の勝負を挑む果たし状を持たせた。エアーズが受け取りを拒み、ヒルは決闘状を剣の切っ先に吊し、奴とその場に居合わせた連中の面前で落とした。

枢密院はエアーズの逮捕状を出した。私には構いなしの評定が下り、お上の呼び出しに応じることにした。エアーズが至る所で触れ回った真相によると、嫉妬とそれに起因する襲撃の根拠は妻の自白だという。夫人は、私への嫌疑を晴らし、また自身の体面を保つため、叔母のレディ・クルック〔クローク〕に宛て、以下の趣旨で文をしたためた。夫エアーズは口から出まかせを言っています。妾《わらわ》は不貞を働いたことはありません。妾が白状したというのは、真っ赤な嘘。というのも、妾はその様なことを言った覚えは一切ありませんから。

レディ・クルックは絶妙のタイミングで、この書状を届けてくれた。枢密院の審問会へ出向く矢先のことだった。宿敵エアーズは、私を襲った理由について取り調べを受けたとき、あくまでも妻の自白に固執した。奴が退室し、私が呼ばれた。その時、レノックス公［ルドヴィック・スチュアート］（後のリッチモンド公）が情報を提供してくれた。襲撃の根拠は妻の自白の一点張り、それ以外何もないと。件《くだん》の手紙に目を通してもらうため、この書状が審問会に応じる直前に届いた旨を公爵に伝えた。並み居るお歴々の前で、枢密院の廷吏が読み上げた。公爵が言うには、エアーズはこの世で最も憐れな奴だな。妻の手紙が証拠だが、その妻に嘘つき呼ばわりされた揚げ句、姑息なやり方で襲撃したため父親からも勘当されてしまうとは。後で解ったことだが、廃嫡は事実であった。報復については、獅子奮迅の活躍で奴に負わせた傷で満足しておこう。私の言い分も概ね受け入れられ、証人も大勢いる。このような次第で、公爵から命じられた。私闘のことでは、奴に決闘状を送ってはならぬ、また如何なる通知書も金輪際受け取ってはならぬと。その命令は守っている。とはいえ、次の騒動を割愛はできぬ。数年後、エアーズはアイルランドから戻り、当時私が滞在していた［アングルシー島の］ビューマリス界隈にやって来た。私の従者と取り巻きが奴の家に押し込み、八つ裂きにしそうな気配であったという。その報せを受けすぐさま跳んで行き、一同を撤退させた上で、奴に言ってやった。以前の卑怯な奇襲は堪忍ならぬが、赦してやるから町を出て行けと。後から聞いた話では、武士の情けに涙ながらに感謝したという。

約一ヵ月後、エアーズによる襲撃の速報が、私にもどのような経緯かよく判らないが、モンモランシー公爵に伝わるところとなった。公爵はすぐさま、私宛の書簡を持たせ、人を遣わせた。今も保管しているが、心温まる要請が記されている。翁のもとに来る気があれば、息子として迎えようと。遣いの者は、イギリスにこの為にだけやって来たという。また、この使者から聞いた話では、私を敵だと公言する輩が大勢いて、しかもその輩はご大身《たいしん》ときている。事実そのとおりである。したがって、そのことで禍を招き後の祭りにならなければよい、と危惧されているという。

書状を認《したた》めた。使者を遣わせて下さり、ご厚意のほどまことに忝《かたじ》けなく存じます。敵対者の数が如何に多く、彼らの身分が如何に高くとも、私を無理やり国から追い出すことはできません。しかし、時にいざ鎌倉となりますれば、必ず馳せ参じる覚悟ですと。誓言を遂行すべく、私に仕えるフランス人をモンモランシー公爵に派遣し言伝を託した。フランス国内では年明けにも戦雲が漂い、内戦でご奉公する栄を賜りますれば、私財を擲《なげう》って百を超える騎兵を連れて参りますと。この約言を老公爵はとてもお喜びになられたらしい。(後にフランス大使に就任した際、ご令嬢のヴァンタドゥール公爵夫人から伺った話によると）私のことを愛情込めて語らない日は、終生ほぼ一日たりともなかったという。

斬った張ったの大立ち回りを演じた一六一一年からその後一六一四年まで、自身のことであまり特筆すべきことはない。ある時は宮廷で（嘘偽りはないが、望む以上にご贔屓を得られた）、またある時は郷里の村で時を過ごした。でも何ら目立った事件があるわけでもなかった。ただ、ある出来事だけが記憶に新しい。サン・ジュリアンズからモントゴメリー城へ行く途上、アバガヴェニーの町でのこと、召使いのリチャード・グリフィスが街外れというのではないがアスク川に架かる橋に差しかかり、馬に水飼うことにした。川に分け入ると、なんとそこは水深く流れが急で、人馬ともに流されてしまった。先を行く別の召使いたちがこの川流れを見て、ディック［リチャードの愛称］が溺れていると絶叫した。叫び声を聞くとすぐ、馬に拍車を当ててその場に急いだ。見ると（馬もろとも）腰まで水に浸かっており、少し手前で跳び込み泳いで行き、片手で彼を支えながら、やっとのことで川の真ん中、（天佑《てんゆう》か、運良く）中洲に辿り着いた。一息ついたあと、来た岸に戻るか、向こう岸へ渡るか相談した。泳いで戻れると思うが、もしかしたら向こう側は浅瀬かもしらん、というディックの進言に従い、彼を馬に乗せ先程と同じやり方で支え、川を渡り対岸に無事に着いた。そのとき私が跨っていた馬は、値段はたしか四十ポンドで、後にエアーズがお釈迦にする馬だ。泳ぎならお手の物で、私を乗せたまま背中を水に浸けずに泳げた。一方、ディックの小さい駑馬《どば》は泳ぎが遅く、私の支えがなければ、絶対に溺れていたであろう。

この馬のことで瞼に焼き付き今も忘れられない出来事が、もう一つある。もとは、田舎の豪農で親戚のファウラーから譲り受けた馬だった。コールブルックの町からそう遠くない所で橋を渡ろうとしていた。その橋は片側に手すりがなく、しかも中央より少し手前に穴が開いていた。馬は元気旺盛だが、この上なく臆病で、右目がよくなかった。穴を見てギョッとし、突然橋の片側に身半分が縦にはみ出てしまった。このままだと馬の右両肢もろとも川に落ち一巻の終わりかと一抹の不安が心をよぎり、鐙をはき拍車をつけた左足を馬の左脇腹にぴしゃりと押し当てた。すると馬は跳ね上がり、四本肢でドブンと川に落ちた。三、四回水中でもがいたあと、岸に辿り着いた。

一六一四年の到来も間近に迫り、低地帯軍とスペイン軍とが再び決戦を挑む徴候が現れた。そこで、オレンジ公に伺候を申し出た。温かく迎え入れて下さり、閣下と食卓を囲む以外の食事を禁じられた。午後は差し迫った状況でなければ、ともに余興を楽しむため馬車で出かけた。低地帯軍は準備が整い、オレンジ公も出陣が間近であった。戦場に赴く途上、時には馬車で、時には低地帯の流儀に倣い大型の荷馬車《ワゴン》に同乗してお供をしたが、それがイギリスおよびフランス双方の指揮官には羨望の的で、彼らもその栄誉に浴することを望んでいた。［クレーヴズ領内］エメリッヒ近くに着くと、尼僧院から遣いの者が来て、身を低くして懇願した。兵士たちが略奪と陵辱の行為に及びませんよう、なにとぞご高配を賜りたく存じますと。私からも慎んでお願いすると、オレンジ公は然りと頷いた。だが、己の目で確かめてみたいと仰せになり、公と私とサー・チャールズ・モーガンの三人で尼僧院に視察に出かけると、ひどく荒廃していた。尼僧院に護衛をつけ、エメリッッヒの都市まで進軍した。降伏の勧めを受け入れた。守備隊を残し、［同上領内］レースまで行軍の意を固めた。この地は、一方に［アンブロジオ・］スピノラ将軍率いるスペイン軍、もう一方に低地帯軍が対峙し、二分する双方の軍に抗えず、いずれの陣営であれ先に到着した側に降伏すると、お触れを両陣営に出していた。そこで敵の名将スピノラはオレンジ公閣下に、レースを攻略するつもりなら町外れの平原で一戦交えよう、と伝えて来た。公は何も驚いた様子もなく行軍させた。これまでどおり、歩兵のため工兵らに塹柵《ざんさく》をいくつも造らせてあった。やがて合戦の舞台となる平原のすぐ近くの塹柵に到着、軍勢を配備しスピノラ軍の攻撃に備えられた。私はというと、兵の配置が済むと、スピノラが軍隊を引き連れいつ現れるのか、今や遅しと待ちわびた。歩兵をひとりだけ伴い、ひときわ大きな塹柵を乗り越えた。最初に出会った敵兵と、短銃で一、二発ほど撃ち合いをする目論みであった。そうこうする内に、戦場に敵一騎を見付けた。敵は私が近づくのを見ると、さらに大勢が後から来るのではないかと危ぶんだのであろう、一目散に駆け出した。戦場の向こうの端まで追ってみても、敵の姿は皆無であった。私が冒険している間に、オレンジ公は闘いの準備を万端整えると、敵軍が約束を違わず来ているか探るため、斥候《せっこう》を五、六名放っていた。偵察隊は私が近づいてくるのを見て、敵兵と勘違いしたらしい。私にも彼らの様子が見て取れた。彼らがだれなのか皆目見当がつかず、手に剣と短銃を持ち迎え撃とうと近寄った。すると、適当な距離にまで接近したとき、その内のひとりが私に気付き、誤解が解けた。それで公のもとに帰り、抜け駆けの結果、もぬけの殻、と報告した。公は眼前の塹柵を元に戻すように命じ、先陣を切り戦場の中央まで駒を進めた。そこから、町に降参するよう使者を派遣すると、何ら抵抗もせず降伏した。

我が軍は指定の戦場に大急ぎで進軍し、荷物や食糧は置き去りにした。私には食べ物が何もなく、歩兵がポケットから分け与えてくれた。当夜の宿営は骨身にこたえた。野原に豪雨で仮設テントもなく、藁を積んだ荷馬車の上段に潜り込めただけでも僥倖だった。一分《いちぶ》の隙間もなく外套を身に纏い、嵐を堪え忍んだ。朝になっても敵は現れず、レースの町に赴いたところ、オレンジ公はすでに守備隊を置き、軍の残りとヴェーゼル［ヴェセル］に向けて行軍していた。それよりも先にスピノラ軍は当地に駐留しており、当方は守備を固めるとともにスピノラの合図を待ち構えた。その他のことについては、このあと数週間、ふたりの名将の間に特筆すべき事件は何も起こらなかった。

この時、オレンジ公閣下より頂戴した特別な贔屓を省くわけにはいかない。ある兵士が同じ宿営地のもうひとりの兵士を殺害した。赦されぬ罪であり、だれも味方する者はない。その憐れな兵士が私を訪ね、執り成しを頼まれた。同志の殺害でこれまで情状酌量された者がいるかと尋ねると、否との答え。それでは口利きは無用、と突っぱねた。首を少し傾《かし》げながら言うには、命を落とすのに較べたら口添えするくらいお茶の子さいさいでしょうと。盗人にも三分の理に捨て置けず、閣下のもとに急いだ。不憫な兵士の儀あり言上つかまつる。その者になり代わり陳情いたします。その場に、サウサンプトン伯［第三代、ヘンリー・リズレー］とサー・エドワード・セシルとサー・ホレース・ヴィアとシャティヨン閣下それにフランス軍の名だたる指揮官が居合わせた。オレンジ公は、一同に向かってフランス語で仰せられた。ご存知のとおり、此奴は天下の豪傑だが、その彼が憐れな一兵卒のため一肌脱いで命乞いをするとは、心根の優しい御仁でもあるらしい。これまでこの種の事件で慈悲を試されたことはないが、彼に免じて不問に付してはどうかと。気の毒な奴を連れてこさせ、身の処し方を評議された。お咎めなしの沙汰が下り、晴れて自由の身となった。

季節は晩秋へと移り、両軍ともに駐屯地に戻る退き際かと思われた頃、スペイン軍のラッパ手が挑戦状を携えやって来た。おのおの方、貴軍に思い姫の名誉をかけ一騎討ちを受けて立つ者がいれば、スペインの騎士が相手してやる、それもスペイン陣営の保障つきでと。この挑戦状は早朝に届いたが、十時か十一時になっても受ける者がいなかった。そのお触れが私の耳に入ると間髪を入れず、オレンジ公を訪ね挑戦に応じる決意を表明した。閣下は私の顔をしげしげと眺め、諭すように言われた。

軍歴も長くその経験から解ることだが、この手の挑戦状を送り付ける輩には二種類ある。ひとつは、おそらく敵との闘いで名を腐《くた》し、一騎討ちによって挽回をはかる手合いである。もうひとつは、我が軍にこの手の運試しを指名できる者がいるかどうかを暴く連中である。とはいえ、挑戦に応じる者が立派な騎士であれば、その人物に不服を唱える者はなかろう。閣下が知る限り、我が軍で即座に名誉を賭して戦えるのは私を除いておるまいと。しかも閣下は、先に名を挙げた並み居るイギリスおよびフランスの指揮官を前にして、仰せになったのである。閣下のお許しも出て、スペイン軍にラッパ手を遣り答えてやった。挑戦に応じる者が騎士の面汚しでなければ、所定の舞台で武器を決め一戦交えようではないかと。ラッパ手がスペイン軍に着くころかと思われたとき、名将スピノラからもうひとりラッパ手がやって来て、先の挑戦は将軍の許可なく為されたもので無効と伝えた。この報せがオレンジ公に告げられたとき、私もその場に居合わせた。閣下が言うには、これは奇っ怪。挑戦状を送り付けて取り消すとは、理由《わけ》が分からぬ。閣下の願いを受け、お許し頂ければ、奴らの陣営に殴り込み、連中と同じ様に挑戦状を叩きつけてやりましょう。決闘の舞台についても、こちら側で行なうとすれば、多少とも躊躇う気になるやも知れませんから、敵の陣営で行なうと提案してみましょうと。閣下の返答は説き伏せてこの役目を負わせるのではなく、自ら手を挙げるのであれば、余人を以て代えがたし、であった。オレンジ公に別れの挨拶をし、勇者サー・ハンフリー・

タフトンと馬丁ふたりを連れて、敵地ヴェーゼルに乗り込んだ。途中だれに遮られることなく到着すると、だれに用かと番兵に尋ねられた。ノイブルク公［ヴォルフガング・ヴィルヘルム］にお取り次ぎを求めると、案内された。ノイブルク公とはジュリアーズ包囲に際して面識があり、私を覚えていてくれた。温かい抱擁が終わると、来た理由を尋ねられた。かくかくしかじかだと答えると、スピノラ将軍に知らせようとだけ仰せられた。スピノラは大勢の指揮官や大尉を引き連れ、ノイブルク公の天幕にやって来た。入るとすぐ私に向かって言うには、貴君がここに来たわけは解っている。オレンジ公の陣営で決闘するのを禁じた。同じ理由で、我が陣営でもご法度だ。けれど貴君は大歓迎だ。一緒に食事をしようではないかと。他にすべきこともなく、親切な申し出を受け入れた。天幕まで付いていくと、豪勢な料理が食卓を飾っていた。食卓の一方の端にノイブルク公を、もう一方に私を座らせた。将軍当人はというと下座に坐り、切り分けられた最高の肉を自らの手で振る舞った。イタリア語で尋ねられた[44]。サー・フランシス・ヴィアは何で死んだのかと。何もすることがなかったからです、とイタリア語で答えた。闘将の命を奪うには十分だな、とスピノラ。実際、偉大な司令官サー・フランシス・ヴィア［前出ホレース・ヴィアの兄］は戦時ではなく平時に死んだ[45]。

　スピノラ侯爵に暇乞いをする際、もし将軍殿が［新教徒ではなく］異教徒征討軍を指揮することになれば、小生はその聖戦で先陣を切り命を賭す所存と大見得を切り、それとともにスペイン軍視察の許可を求めた。許しが出て侯爵に別れの挨拶を済ませ、心ゆくまで視察した。築城について低地帯軍との相違を仔細に見聞し、オレンジ公のもとに帰り旅の成功譚を語った。この頃、サー・ヘンリー・ウォットンが英国王の命を受け和平の調停に乗り出した。(46) ウォットンはその目的でヴェーゼルに到着し、私の案内でスピノラ軍を訪問した。一晩過ごした後、激しい雨の中、森を抜けてカイザースヴェルト［カイザースヴェーアト、デュッセルドルフ近郊］に到着したが、そのことが我が軍の驚異の的となった。皆が口を揃えて言うには、この険路を辿る者で追い剥ぎに遇うか、命を奪われるか、その憂き目に遭わない者は皆無だという。そこからケルンに行き、名所旧跡を見物したが、見所のひとつはセント・ハーバート修道院［ドイツ修道院、大司教聖ヘリベルトに因む］である。次のハイデルベルクでは、プファルツ選帝侯［フリードリヒ五世］とその侯妃［ジェイムズ一世の娘エリザベス］より謁見の栄に浴し、大いに歓待された。ウルムそれからアウクスブルクに赴き、そこではこの上ない栄誉に浴した。ブリュッセルの大使が宿泊する旅籠に着くと、町の人々はワインを大瓶で二十本運ばせた。そのうち十一本を大使に、残りの九本を私に授けた。それとともに、数々の武勇伝の方が先に伝わりましてね、とお世辞も添えられた。ここからスイスを経てトレント、そしてヴェネツィアに渡った。英国大使サー・ダッドリー・カールトンに敬意を以て迎えられた。(47) なかでも、閣下に連れられムラーノ島の尼僧に会うことができた。尼僧は容姿端麗、しかも美声の持ち主である。ヴェネツィアだけではなく当代随一の希有な存在であると思われた。我らが回廊に面する僧房に行くと、尼僧は鉄格子で隔てられた向こう側から姿を現し、鈴を転がすような歌声を披露した。尼僧が引き退く際、その場に居合わせた大使もその令夫人も感窮まって思いを表す言葉がなかった。このまま無言で尼僧を帰しては、美貌と美声の調和に礼を欠くと思い、イタリア語で感謝の意を表した。いつ命数が尽きようとも、尊顔も歌声も変成せずともそのまま天使とならんと。この言葉は予言となった。ローマに行き当地に戻ると、尼僧の訃音が届いていた。

何日かヴェネツィアに逗留したあと、フィレンツェに行った。その地で、オクスフォード伯[48]「第十八代、ヘンリー・ド・ヴィア」とサー・ベンジャミン・ラディヤードに会った。花の都で珍しいもの、特にメディチ家の稀代の礼拝堂を見学した。内側がすべて粒の粗い貴石で飾られ、それに飾り鋲はといえば、その頭の片方が鉄、もう片方が金になっており、嵌め込まれている場所の色彩に符合し荘厳さを加えていた。次にシエナ、そしてクリスマスの祭日より少し前にローマに着いた。宿屋で馬から降りるとすぐ、イングリッシュ・コレッジ「イングランド系宣教師養成学校、コレジオ」を目指した[49]。学頭に取り次ぎを頼むと、ほどなく戸口に、見たところ厳格そうな人物が現れた。お聞きの言葉から、郷里《くに》を告げる必要はないでしょう。当地に参りましたのは、論争の術を学ぶためではなく、古代の遺跡と遺物を見学するためでございます。生まれ育った国の宗教に不敬でなければ、しばらくの間ご厄介になりたく存じます。もし叶わぬならば、鞍はまだ温かく、この町から立ち去りますと。学頭［尊師トマス・オーウェン、ウェールズ出身］が答えて言うには、あなた様以外で、これまで当地の宗教ではなく他の宗教を奉じていると告白なされた方は、未だございません。お見かけしたところ、お手前は人品卑しからぬ御仁であり、私としてはご自由に過ごして頂きたいと思います。しかし、某《それがし》の経験が教えるところによりますと、ローマ・カトリックを侮辱しない人は侮辱されることはないのですが、他の者たちはあなたの滞在中、身の安全を保障しないでしょうと。そのあと誰何され、エドワード・ハーバートの名で通っておりますと。文武両道に秀でるお方と、おうわさはかねがね承っておりますと。すぐさま食事に誘われた。お誘いの言葉を愛の証として頂戴いたしますが、お断りの釈明をさせて頂きます。宗教間の争いを好む人物と思われるといけませんが、イギリスにいた頃と変わらず、当地に来ることだけでも信教の自由で許容される限度だと思っておりますす。ですが、旧教と新教で意見が一致している見解は、一致していない見解で両者を分け隔てる以上に、太い紐帯で両者を固く結び付けています。小生と致しましては、敬虔な信仰生活を送る人を愛します。新教であれ旧教であれ、誤謬は憎悪よりも憐憫の対象です。このように信条を吐露して、丁重に別れの挨拶をした。約一ヵ月の間、当地で遺跡や遺物を見学して、民衆とその心を支配する偉大な帝国を築き上げた真髄が何であったか解ったような気がする。つまり、この世を統べる上で、信仰箇条と罪の赦しこそが、かつて政治家によって講じられたあらゆる術策〔定められた法令すべて〕よりも枢要な「帝政の秘策」であると[50]。

ローマを思う存分に視察したあと、ティボリ〔昔はティブルと呼ばれていた〕に行き、立派な宮殿と庭園を見た。フラスカティ〔昔はツスクルムと呼ばれていた〕にも行った。その後ローマに戻り、枢機卿会議で教皇「パウルス五世」のご尊顔を拝した。会議が終わると、教皇聖下が祝福を授け始めたので、即刻中座した。私の行動を不審に思った人物が、逮捕しようと警備を遣した。脇道に逸れて、難を逃れた。宿屋に戻り駒を進めて半時、イングリッシュ・コレッジの学頭が駆けつけ忠告した。異端審問所に告発され、ここにいては身の安全が保てませんと。この警告に心から謝意を表した。けれど、当面は宿を変えただけで、一日か二日して馬に乗り、ローマを出てシエナに向かい、フィレンツェに舞い戻った。神聖ローマ皇帝「フェルディナント二世」より、ノーサンバランド公あるいは伯の爵位を授けられたサー・ロバート・ダッドリー〔同名のレスター伯の庶子〕とサデル夫人〔エリザベス・サウスウェル〕に会った。その美貌のご婦人は、ダッドリーがイギリスから連れ出し当地で妻に迎えたのだった。町を出る前夜、宴席に招待された。ふたりに別れを告げ、翌朝旅の支度を済ませ、いよいよ出かける段になって、使者より言伝を賜った。サー・ロバート・ダッドリーと同じ手当、つまり年俸として二千ダカット〔英貨で約五百ポンド〕を受ける気はないかと。トルコ〔オスマン帝国」との戦争で公爵［トスカーナ大公コジモ二世］にご奉公しないかとの打診だった。このかたじけない申し出は、ダッドリーとサデル夫人それに旧友ロティ氏のうち、だれの斡旋《あっせん》によるのか定かではないものの、身に余る光栄だと謝意を表したが、丁重にお断りした。低地帯戦争で閣下［オレンジ公］に仕える想いを胸に秘めていたから。

しばらく滞在したあと、パドヴァに向かう途中、フェラーラとボローニャに立ち寄った。パドヴァ大学で学識のある教授陣、特に［チェザーレ・］クレモニーニ［自然哲学者］の講義を拝聴して時を過ごした。低地帯からずっと跨っていたイギリスの馬とスコットランド製の鞍を諦め、舟でヴェネツィアに向かった。大使閣下のサー・ダッドリー・カールトンは、この時までにサヴォイア大公［カルロ・エマヌエーレ一世］の宮廷にしばらく滞在するよう命を受けていた。その要請を私に告げて、一緒に来ないかと尋ねた。この申し出をありがたく受けた。サヴォイアの宮廷を見たかったし、低地帯に行く途中でもあった。その地で、来夏、［対スペイン］戦争を視察するつもりだ。

こうして大使閣下と馬車でミラノに行くと、大使は総督の館に招かれ、滞在中に歓待を受けることとしばしばであった。ミラノでは、音に聞こえた尼僧がオルガン演奏に合わせて歌うのを聴いた。そのやり方は、もうひとりの尼僧が先に歌い始め、続いて彼女が自分の声部を披露するというものである。その優れた技法と美声ゆえに拍手喝采を浴びた。ただ、普通の女性よりも音程が低いように感じられた。その批評を受けてか、その場を立ち去ろうとしたとき、突然どこからともなく、あの評判の歌姫がもうひとりの尼僧より、音階を一オクターブ上げて歌うのが聞こえた。天来の妙《たえ》なる調べたるや、これまで聴いた中で、最高に閑雅で力強くそれでいて声さやかにして、恍惚の境地に陥るほどであった。

記憶によると、ミラノからノバーラに赴いた。当地でスペインの総督に歓待された。これまで経験した中で最大級の豪華絢爛さであった。しかし、三種類の料理が、それぞれ三皿、合計で九皿しか用意されていなかった。最初の料理は、厳選された肉を煮込んだシチューで、銀の大皿で三皿、それも大きな食卓ほどの長さの皿に盛られる。煮込まれた極上の肉は積み上げられ、頂上に雀が載せられる。見た目は、人工のピラミッドのようである。二番目の料理は、一皿目と同様に炙り肉で、あらゆる種類の鳥獣、雉や鷓鴣《シャコ》［ヤマウズラ］、それより小さな類に至るまですべての鳥肉が積み上げられ、頂点に雲雀が載せられる。三番目は、あらゆる種類の乾燥果実《ドライフルーツ》で、同様に積み上げられ、天辺に丸い金平糖《コンフィット》が置かれる。

ここからスペイン領との国境の町、サヴォイア公国のヴェルチェッリに赴いた。サヴォイア公国はスペインと戦争状態にあった。その町から名もなき所を通り過ぎ、公国の宮廷があるトリノに着いた。二、三日そこで休暇を過ごしたあと、低地帯に行くため大使閣下に暇乞いをした。途中、モン・

スニ峠の麓に差し掛かったとき、サヴォイア大公から親書を携えてスカルナフィッシ伯爵［アントニオ・ポンテ］がやって来た。[51] 親書の趣旨はこうだ。大公殿下は、騎士の鑑であると小生の評判を聞きつけ、その戦いぶりを思い描いたご様子で、奉公する気があれば、小生自身で条件を定めてよい、というものであった。身に余るお誘いであり、踵を返した。旅籠は大公のお膝元にあり、部屋は絹糸や金糸の綴れ織りで飾りが施され、とても大きな寝台が置かれていた。英国大使の官邸に逗留した際に要した費用も大公の負担で支弁して頂いた。殿下より直直にスカルナフィッシ伯爵が伝えた任用の要請は本当だと裏書して頂いただけではなく、様々にお世辞を賜った。私も殿下にお礼の言葉を返した。ご奉公の趣が解りますれば、殿下より賜るご用命を必ず果たしますと。

［一六一五年二月半ば過ぎ］ちょうど謝肉祭の時季であった。サヴォイア大公は名君の例にもれず、器量好みで舞踏愛好家、それで舞踏会や仮面舞踏会を頻繁に催させた。大公のご令嬢も、他の貴人方とご一緒に舞踏を披露された。大公は自ら手招きして美しい淑女の傍に絶えず私を呼び寄せ、巧みな話術でふたりを楽しませるのを常套手段とし、それがまた他人をもてなす際のイタリア式の極意であった。他にも多くのことを為された。事細かに説明されることはなかったが、私を重用すると公言された。［対スペイン］戦争を始める時機はまだ来ていないとか、春の戦闘に備え軍を鍛えているだけだとか、仰せられた。

大公は、ついに私の任務を決められた。フランスのラングドック地方に赴き、対スペイン戦争が勃発した際、救援に馳せ参じると盟約を結ぶ改革派教会の信徒［ユグノー］四千名をピエモンテまで送り届ける役回りを仰せつかった。謹んでオファーを受けた。大公に暇乞いを済ませ、当地で受けた真心の歓待に対して、七十から八十ポンドを士官たちに分け与えた。ヴェネツィア駐在英国大使［ダッドリー・カールトン］と同様にその地で任に当たっていたサー・アルベルトゥス・モートン［大使補佐］に別れを告げ、支度を整え長旅に出た。(52) スコットランドのサンディランズ一族の老騎士がこの噂を聞きつけ、［プファルツ選帝侯の居城がある］ハイデルベルクまで私の持ち馬を拝借できぬかと願い出た。(53) 次の条件で貸与した。道すがら馬たちを大切に扱い、現地に着いてからも手厚く世話をするようにと。

スカルナフィッシ伯爵が遠出に付き添うよう命じられた。伯爵は宝石を携え、フランスのリヨンに着くと質に入れ、得たお金で前述の兵員の支払を済ませるように命じられていたのだ。大公は領民を誅求《ちゅうきゅう》した。馬や牛それに羊に一定額の税を取り立てるばかりではなく、後には煙突にまで課税した。最後には人頭税として、ピストル金貨一枚（十四シリング）を徴収した。それでもなお、軍資金を必要とした。領民たちの重税に対する忍耐を不審に思い、無辜《むこ》の民に尋ねた。よく酷税に耐えられますねと。すると返ってきた答えは、租税のことで殿様を悪し様に言う気にはなれません。むしろ殿様より賜る恩恵に感謝していますという。

スカルナフィッシ伯爵と私は長旅に出かけた。日中は飲み食いをせず先を急いだ。夜はゆっくり宿に泊まろうと、伯爵が提案した。山の頂にある寂れた宿屋に着くと、黄昏時になっていた。女将が馬の嘶きに気付き、左腕に生まれて間もない乳呑児を抱き、手に燈心草の蝋燭を持ち現れた。女将はすぐにスカルナフィッシ伯爵だと判り、言い訳をした。旦那様、間の悪いときにお越しになられました。殿様の軍兵たちが昼間に現れ、すべてかっさらって行きましたと。悲しい面もちで伯爵を見ると、伯爵はそばに寄って耳打ちした。女将は我々が兵士たちと同じように手荒な真似をするのではないかと思っているらしい。建物の周りをぶらついている間に、中に入って何かないか見てくれ。鶏や鴨が見つかるかもしらん。このような次第で建物の中に入ると、他に家具があるにもかかわらず古びた腰掛けの端に女将が座っていた。燈心草の蝋燭を持って私の所にやって来ていうには、神にかけて誓いますが、先ほど伯爵様に申し上げたことに嘘偽りはございません。本当に、食べ物は何もありません。ご身分のあるあなた様に、ひもじい想いをさせるのもお気の毒でございます。よろしければこれをお召し上がり下さいと、搾った母乳が入った木椀を差し出した。この思いがけない親切なもてなしにいたく心打たれた。これほど五臓六腑にしみ渡る優しさはかつてなかった。腕に抱く赤子から、ふくませる乳を奪うことはできません。しかしながら、このことは人情の機微として一生涯忘れません。そう言ってピストル金貨を一枚恵んだ。伯爵と私は再び馬に跨り、さらに先を急ぎ旅籠に着いた。粗食だったが、空腹のため美味かった。

記憶によると、この旅で夜にガブル山［ガリビエ峠］を越えた。断崖を輿《こし》に乗せてもらい降りた。道案内が藁の束を手に先頭に立ち、時折火を点け行く手を照らした。麓で馬に乗り、一休みしようとブルゴワンの宿場へ向かった。というより、実を言うと、様々な人々、なかでもサー・ジョン・フィネット［式部官］とサー・ロバート・ニューポート［母方の従兄］から、そこの宿屋に娘がいて、これまでの生涯で忘れられない器量よしであるとの噂を聞いていたからである。宿に着くと、スカルナフィッシ伯が私に二、三時間休んでくれと言う。先にリヨンに行き、ラングドックでの任務遂行のため路銀や軍資を工面するつもりらしい。宿屋に娘御が見当たらず、女将と亭主にイギリスで聞いた数々の噂話を明かし、別嬪の誉れ高いご息女、ぜひお顔だけでも拝みたいと申し出た。娘は嫁ぎ先にいて、すぐに呼び寄せるという。また、お見かけしたところお疲れのようですから、それまで寝台でお休みになっては如何でしょうと。二時間ほどして目を開けると、件の小町が枕元に座っていた。私が目を覚ましたとき、付き添うためであったらしい。彼女の容姿を少し描いてみよう。輝くばかり艶のある黒髪で、天然の巻き毛である。それもお洒落な婦人が髪を調えるような感じにカールしてある。しかも頭頂に登るにつれて段をなしており、その一つひとつが（バースの騎士が身に纏うガウンの）深紅色のリボンで結わえられている[54]。このように髪が肩の先から頭頂に至るまで束ねられ、優雅に紡ぎ合わされた印象を受ける。目はと言えば、彼女の美全体と頭髪の雛型であるかの如く、黒くつぶらな瞳。それも、眼から光や炎が、髪を束ねる深紅のリボンに似て、妖しく耀く。これまであれほどのかわいらしい口元や白い歯を見たことがない。簡潔にまとめると、口や鼻などすべての造作が互いに調和が取れ、不釣り合いなものは何もなかった。ただ、肌の色がすこし褐色を帯びているという点を除いて。それでも、両頬は血の巡りがよく、肌の色より赤みがさす。身に纏っていたガウンはトルコ製の粗布織りで緑色であった。肩や袖それに足に至るまで切り込み、つまりスリットが入っており、手の幅ぐらいの間隔で髪と同じリボンで結ばれている。彼女が身に着けていた衣裳も、顔立ち同様に人目をひく。宿屋の娘を描くのに長々と時間を割いたのは、これまで出会った中で同時代の如何なる美人にもまさり、他の美女を語るより値打ちがあると思ったからだ。結局、一時ほど骨休めしたあと、野暮なことは微塵も行なわず出発した。疲労困憊の極みだったが、癒しの天女を拝み、英気を養うことができた。

　そこから一路リヨンへ向かった。市壁の門を潜ると、通常の手順に従い番兵から、どこのだれで、どこから来て、どこへ行くのかと尋ねられた。答えている間に、番兵のひとりが私の顔をしげしげと眺め、手にした紙と照らし合わせるのが判った。何度も繰り返すので、何かよくない前兆かと訝った。その邪推が的中した。フランスの母后［マリー・ド・メディシス、幼きルイ十三世の摂政］により、本国で兵員を徴募してはならぬと布告が出たばかりであった。トリノ駐在のフランス大使ランブイエ侯爵［シャルル・ダンジェンヌ、侯爵夫人のサロンが有名］が当時のリヨン市総督サン＝シャモン侯爵に手配書とともに人相書を送っていた。布告はとても厳しく、兵員を募る者は斬首に処すという。この不運な出来事の行く末を案じながらも、一縷の望みは、まだ兵を実際に募っていなかったことである。しかしながら、番兵に市総督のもとに出頭するようにと促された。番兵に連れられ教会に行くと、ある人物が夕べの祈りを捧げていた。教会の出入り口付近を歩いている間、ふと頭に浮かんだ想いは、もし兵員を招集していたら如何なる危険に身を晒すことになったのか、であった。しばらく歩くと、ほどなく黒服に身を包んだ人物が付き人もなくたったひとりで近づいてきた。この時はこの人物が市総督であるとはつゆ知らず、礼儀作法を無視して挨拶した。最初の問いはどこから来た、であった。トリノと答えた。次の問はどこへ行くつもりか、であった。まだ決めていないと答えた。三番目の問いはトリノで何か変わったことは、であった。新しい情報は何もないと答えた。というのも、彼をせっかちか詮索好きな人物ぐらいにしか思えなかったからだ。市総督は私を連れてきた番兵のひとりを呼び、彼に耳打ちしたあと、私に同行を命じた。この番兵が市総督のところに案内してくれるものと思い込んでいたので、率先して後に付いて行った。番兵は黙したまま教会から連れだし、立派な建物まで先導した。一歩足を踏み入れると、教会で面会した人物、つまりリヨン総督の命によりここに拘束すると告げられた。あの方が市総督などと知る由もなかったし、ここが牢屋だとも思えない。さらには、再びここを出られたとして、市総督も町全体も私を生きたままここに連れ戻すことはなかろうと思う、と返答した。館の主人が優しく話しかけてくれた。如何なる旅籠にもまさる、この館で最上の部屋にご案内いたしましょうとの申し出を受け、川のせらぎが心地よい豪華な部屋に上がった。半時もしない内に、人がやって来た。サー・エドワード・サックヴィル（現ドーセット伯）がイギリス人の身柄拘束を聞きつけ、拘束されたのはだれで理由は何かなど、情報収集のため使者を派遣したのだった。[55] リヨン総督は、拘束した理由について、私の短い返答か、それとも母后の布告に背き募兵する任務か決めかねており、その両方に少し触れただけで、使者に満足のいく回答を与えず帰した。

これを受けて、サー・エドワード・サックヴィルは私が留置されている館に乗り込んで来た。私を見て抱擁するとすぐ、ここで何をしていると訊いたので、会えて嬉しいが、何で身柄を拘束されたかその理由が解らないと答えた。サヴォイア大公のためにすでに兵を徴募したかと問われたので、一兵卒たりともと答えた。それでは請け合ってもよいが、リヨン総督は君の教会での振る舞いと短い返答に腹を立てられたのであろう。（番兵をひとりも連れず、みすぼらしい衣服に身を包んでいた人物を当地の総督と考えるのは無理だった、と答えた）総督にもう一度会って申し開きをすれば、きっとすぐにお解き放ちになるよ。そう言って彼は総督のもとに行き、私の氏素性や身分、まだ兵を徴募していないこと、さらには総督だとは知らなかった旨を告げた。するとリヨン総督は、自ら出張って私を解放したいと伝えてくれと言ったという。

拘束を解く報せはサックヴィルが持ってきた。市総督から釈放の命が出ただけで十分、と答えた。このようなやり取りが行なわれている間、どなたのご配慮かはっきりと解りかねるが、端整な目鼻立ちの若者が窓の下に楽団を引き連れ、何度もこちらを見上げながら男女入り乱れて踊り始めた。だが、サックヴィルが釈放の通知を携え戻ってきたばかりだったので、ただありがとうと窓から感謝の意を表し、一同の者と市総督のもとに馳せ参じた。総督の奥方とお歴々の方々が集う大広間に着くと、総督は帽子を手に持ち、己がだれなのか判るかいと尋ねた。その時、奥方様が私の代わりに答えてくれた。ひとりで教会へ出向き、この僧衣を身に纏っていて、どうしてあの方に解るものですか。それもその他のことについても、あなたはあのお方にとって、赤の他人に等しいというのに。奥方のご厚情にその時即座に気が付かなかったが、のちにフランス大使になったとき、改めて深く感謝した次第である。リヨン総督が次に出した質問は、教会の時と全く同じであった。皆の前で、私も全く同じ答えをした。総督と判らなかった時と同様、その様な答え方をすれば首尾一貫性があると考えてもらえると思ったからだ。総督はそれでもなお納得せず、見かねた奥方様がまた助け舟を出してくれた。私があのような返答の仕方をした理由《わけ》を並べ立てると、それでようやく総督は口を噤んだ。総督が踵を返したので、同様に背を向けてサックヴィルと宿泊所に戻った。ただ、奥方様に深々とお辞儀をするのは忘れなかった。

その夜は、努めて心穏やかに過ごしたが、翌朝、サー・エドワード・サックヴィルに為すべきことを伝えた。とても酷い侮辱を受けたので、相手が拒めないよう丁重な言葉を連ね、決闘状を叩きつける覚悟だと。すると、諦めるよう説得された。それでこの件では、サックヴィルの助太刀は望めないと解ったが、果たして翌日、彼は都市《まち》を出た。

ひとり取り残され、果たし状の送り方に腐心した。文面は、結局、こんな趣旨になった。わけもなくとても不快な思いをさせられましたので、それに一矢報いなければ男として情けなく思う次第です。したがいまして、場所を指定していただき、一戦交えたく果たし状を送ります。腰抜けと思われたくないのであれば、決闘に応じるとともに、是非とも権力をご濫用なさいませぬようお願い致します。二、三日の間、決闘状を渡してくれる人物がこの町には見あたらず、都市総督の座に胡坐《あぐら》をかく石頭に最大の意趣返しをする奥の手として、自ら手渡し、どのように受け取るかを見極めようと意を決した。

その夜、たまたま先述のテラン殿が町にやって来た。私のことをよく覚えており、フランスおよびジュリアーズでの友誼を思い出し、私のために一肌脱ごうと申し出てくれた。これ幸いにすぐさま懐から決闘状を取り出し、ある人物に渡して頂ければとてもありがたい。フランス人というのは、名誉を重んじ慇懃に為された事柄については、拒み疎んじることのない立派な国民であることは承知しており、累《るい》が及ばないよう遂行してもらいたいと伝えた。

テラン殿は果たし状を受け取り、目を通して言った。言葉遣いは丁寧で思慮分別が具わっています。けれど、リヨン総督から期待に添うような返事は来ないと思われます。しかしながら、届けましょうと。このような次第で宿屋に戻った。この三日三晩と較べると、枕を高くして眠れるはずだったが、夜中の一時頃、門戸を乱暴に敲く音で目が覚めた。敲き方があまりに激しく、戸が壊れるのではないかと思われるぐらいだった。扉の隙間から燈火が見え、即座に下着のまま起きあがり、抜き身の剣を手にして扉に駆け寄り誰何《すいか》した。それとともに、私を虜にしに来たのであれば、決死の覚悟で応戦すると言いながら、扉を開けた。見ると、階段に斧槍《ハルバード》で武装した兵が六名はいた。抵抗しようと身構えた途端、隊長が事情を説明した。ここに遣わされましたのは、市総督ではなくモンモランシー公爵（先述のモンモランシー元帥のご子息、二代目アンリ）の命でございます。公爵閣下はパリからラングドック（そこの地方総督であった）に向かう途中、昨夜遅くこの町にご到着なされました。

もし友情に変わりがなければ、即刻身支度を整え来て頂きたいとのことですと。さらに、この話は紛れもなく真実であるという。事情が飲み込めたので、しばし部屋から下がらせ、服を着て同行した。リヨン総督の例の広間に案内された。モンモランシー公爵や様々な騎士たちが貴婦人方と踊っていた。早速公爵のもとに行くと、即座に脇に坐らされた。リヨンの都市総督とのいざこざは聞いた。果たし状を送ったそうだな。とはいえ、総督が公務ゆえに為したことは、私人として応じる義務はないと思う。けれど、貴君が望む正当なやり方で恨みを十分に晴らしてもらいたいとも願う。そう言われて、リヨン総督のところに連れていかれると、総督が素直に謝った。あなた様の氏素性が知れました。へそを曲げて申し訳なく思います。これでこれまでのわだかまりを水に流して下さいと。モンモランシー公爵は間髪をいれず、それで結構とフランス語で執り成した。閣下に顔を向け、同じような状況であれば、報復を考えましたかと尋ねた。そうだね、と答えられた。このあと市総督に向き直り、同じ質問をした。あなた様には及びませんが、同じく仕返しをしたであろうと答えた。赦しの接吻を総督に与えると、抱擁で返したので、一件落着した。

モンモランシー公爵はご尊父の元帥閣下と私との親密な間柄を覚えていて下さり、亡父に成り代わりその関係を維持したいと願われた。そして公爵の話を契機に、しばしの間ふたりで一緒に教育を受けたことを思い出した。このようにご挨拶を交わしたあと、公爵閣下からパリに来る気はないかと尋ねられた。残念ながら、低地帯に先約がありまして叶いませんが、どこにいようと閣下の忠実な僕ですと申し開きをした。

サヴォイア大公と交わしたラングドックでの任務は、このようにして流れた。リヨンからジュネーヴに向かった。ここでもまた、名声千里を走るが如くであった。というのも、翌朝政府要人の名代として使者が現れ、私の到着を言祝ぎ、酒を持参しただけではなく、（しばらく滞在の予定であれば）当地で築城をご覧いただきご意見を伺いたい、と軍師の待遇を受けたからだ。視察してみると、鉄壁の守りと思われている処が最大の弱点であった。そこは山岳地帯で、築城に最も力を入れていた。だが、戦争の常として、技巧を凝らして造ったものは、やはり技術で破壊される。どこか余所よりむしろその箇所から、敵の侵入を危惧する必要があると思った。ほかの偉大な参謀も同じ指摘をなされています。総力を挙げ城の急所を護るよう指令を出すという。

（長旅で少し健康を害したので）しばらくここで休養し、薬を服用した。二週間後、バーゼルに向かった。川で舟に乗り、ようやくシュトラスブルク［ストラスブール］を経て、ハイデルベルクに入った。［プファルツ］選帝侯とその侯妃［エリザベス］に再び温かく迎えられた。暇を見つけて立派な図書館や庭園それに当地の珍品を眺めた。サンディランズ［スコットランドの老騎士］に預けた馬が精力旺盛だった。でもその馬を、歓迎の返礼として選帝侯の家来に与えた。サー・ジョージ・カルヴァート［後の国務大臣」と私は、ここを発ち、道中の大半は舟で低地帯へ向かった。到着すると彼に別れを告げて、一路オレンジ公［オラニエ公マウリッツ］のもとに馳せ参じた。他の者とは違って、見た目にも解るほど両手を拡げて歓迎してくれた。

たまたまこの夏、低地帯軍は野戦から遠ざかっていて、オレンジ公は午餐のあと、私とチェスをして時を過ごすことがあった。また、［南ホラント州］レイスウェイクまで出かけ軍馬を観たり、綺麗どころに言い寄ったりして時を過ごすこともあった。雲隠れするときも私を同伴させたが、親しき仲にも垣をつくり礼を欠くことはなかった。オレンジ公と離れているときは、特に許しを得てサヴォイア大公のため騎兵を募ることに全力を注いだ。当時、低地帯で将校であった実弟ウィリアム［既出、ハーバート家の三男］のため、その趣旨で委託を取り付けていた。騎兵隊の準備が整い、英国大使を務めていたスカルナフィッシ伯爵に、お金を送れば弟は出陣可能と知らせた。

スカルナフィッシ伯爵から返事が来た。英国で資金が調達できそうで、手元に届き次第、馬百頭分に相当する額を送るつもりだと。しかし、ほどなく［一六一五年七月、サヴォイアと］スペインとの和平条約が［イタリア、ピエモンテ州］アスティで締結され、馬の維持費すべてが私の負担となり、今日に至るまで何の補償もない。

［一六一五年の終わり頃］冬が近づいたが、今年はこれ以上何もすることがなかった。英国まで船で

戻ろうとブリーレに赴いた。[56] 当地で総督を務めていたサー・エドワード・コンウェイ（後の国務大臣、バッキンガム派閥）が、風の便りに私の逗留を小耳に挟み、訪ねて来られた。風を待つ間、毎日自宅に招待して下さった。ついに順風となり船に乗ると、コンウェイ閣下が船出の平穏を願い大砲を六発撃たせた。一リーグ［三マイル］進むか進まない内に逆風となり、岸に舞い戻った。ぶざまにブリーレに戻ると、コンウェイ閣下が前と同じく歓迎してくれた。三、四日後、追い風が吹き始め、コンウェイ閣下が再び船まで案内され、祝砲を立て続けに六発撃たせた。英国まで航路の半ばに差し掛かったと思った刹那、極めて酷い嵐に襲われた。帆は破れ帆柱を失い、かなりの時化《しけ》でしかも逆風が吹き荒れた。皆の者、難破だ、と航海長が諦めたほどだった。九死に一生を得て命からがらブリーレに舞い戻ると、コンウェイ閣下が海難を逃れたことを言祝いでくれた。あの暴風雨からすると、海の藻屑となるは必定と観念したという。

以前と同様に厚遇を賜り、しばらくここに滞在した。待てば海路の日和あり、風も好転しコンウェイ閣下より再び船に案内され、祝砲を雨あられと受けた。港から出た途端、向かい風となり押し戻された。このためこの地では、もはや運を天に委ねられないと判断し、小舟を雇い水門まで行き、オステンド［オーステンデ、現ベルギー内、北海に面する港町］へ向かった。そこで道連れを得て、ブリュッセルに赴いた。投宿した旅籠は酒場を営んでおり、スペイン軍の貴顕や幹部将校が集っていた。翌日、午餐をとろうと席に着くと、彼らは私の名を知らず、私も自分で名乗らなかったせいか、イタリア語やスペイン語そしてフランス語で様々な問題について論じ始めた。最後にその内の三人が、次々とイギリス国王であらせられるジェイムズ陛下を扱《こ》き下ろした。もし私が下賤の輩であれば、咎めだてる必要もないと、心中ひそかに思った。というのも、だれひとり私のことをイギリス人だとはつゆ知らず、自分たちの話す言葉が十分に理解されるとも思わなかったのであろうから。でも、その思いとは裏腹に憤怒の火炎がむらむらと燃え上がるのを感じた。帽子を脱いで立ち上がり、陛下を毀損する言葉を口にしなかった上座に坐る御仁たちに向かって、イタリア語で叫んだ。吾輩はイギリス人だ、我が国の陛下を貶《おとし》める侮辱は聞き捨てならん。頬かむりするなら、死んだ方がましだと。そして陛下の名誉を傷つけた連中に向き直り、貴様ら、嘘偽りを述べたので決闘だ、と捲し立てた。上座の御仁たちが私の言い分に理があると認め、私が異を唱えた事柄に対し厳しく奴ばらを叱責した。つまり、陛下に赦しを請わせたあと、全員で陛下の健康を祝し乾杯した。ブリュッセルからダンケルクへ、そしてグラヴリーヌへと渡った。そこで面識はないが、あるイギリス人女性が尼僧院の門を潜る姿を目撃した。次にカレーに着いた。天気が極めて悪く、危険を冒して出帆してくれる船頭が見当たらなかった。とはいえ、我慢も限界に達しており、とある貧しい漁師に舟を出してくれないかと持ちかけた。この漁船は港でも最低のおんぼろ。覆いもなければ甲板もない。

しかも年代物ときている。でも、旦那と同じで、生命《いのち》なんざあ、これっぽっちも惜しかぁ、ありませんぜ。渡りたきゃ、ようがす、お連れ致しやしょう、と応諾した。

港を出た途端、うねる高波に呑み込まれるかと思った。海水が舟にどんどん入り、必死に汲み出した。それでも刻一刻と沈没の時が近づく気配だった。沖へ六リーグ［十八マイル］進む前に、神の思し召しで嵐が収まり、ダウンズ［ドーヴァー海峡沖の停泊地］まで海路が拓けた。［一六一六年のはじめ］そこに着くと、これまで蒙った謂われのない危険からお救い下さった神に感謝し、ロンドンへ向かった。上京して十日と経たないうちに、四日毎に起こる瘧《おこり》［四日熱］に襲われた。一年半は間断なく続き、その後一年半は春と秋に見舞われた。病気の間は、学問に打ち込めて素晴らしい日々であった。これまで如何なる人も経験したことのないと思われるほど長期にわたる激烈な発作で、病も次第に力を失った。お蔭でやせ痩け肌も黄色くなり、だれも私だと判らないほどだった。この養生中に、たまたまある事件が起きた。ある日、ホワイトホールまで外出した折、エマソンという人物に会った。奴が竹馬の友サー・ロバート・ハーレー［既出、三番目の妻はコンウェイ卿の娘ブリリアナ］のことを悪し様に罵るので、痩せても枯れても友に向けられた中傷を聞き捨てならず、長く伸ばした奴の顎髭を掴んでこづき回した。街中だったが、一歩下がって剣を抜いた。こちらには、友のひとり大尉トマス・スクリヴンがいた。あちら側には、何人も味方がいた。見たところ私は病気で衰弱しており、周囲の者は私が打々発止の斬り合いができるのかと訝ったが、それでも私は斬りつけるぞという気概だけは人一倍溢れていた。しかしながら、悪たれエマソンは剣を鞘に納めたままサフォーク・ハウスの屋敷に逃げ込み、後になって枢密院にこの乱暴狼藉を讒訴した。エマソンはほどなく遣いの者を寄こした。病み上がりの私に、敢えて決闘を申し込むほど友のハーレーを讒言したわけではなかったらしい。枕も上がらず床払いが済む前のこと、サー・ジョージ・ヴィリアーズ、後のバッキンガム公が国王の寵愛を受けるようになった。この人物と偶然レディ・スタンホープ［スタナップ］の屋敷で鉢合わせした。(57) 私のもとに近づいて来て言うには、貴殿の武勇伝をあれこれと聞いております。国王陛下から信頼を得ていますので、貴殿のためにご尽力できれば幸いですと。心から感謝して答えた。当面は病の治癒を優先したいと思っております。大望を抱くことがありましたら、不躾ながらお力添えのほど、よろしくお願いいたしますと。

この宿痾から本復してほどなく、オクスフォード伯［前出、ヘンリー・ド・ヴィア、妻は美貌のダイアナ・セシル］と私はヴェネツィアの［対ハプスブルク家］戦争に加担するため、二箇聯隊を召集することに決めた。遠征の準備をしているとき、フランスに大使を派遣することになり、国王陛下がサー・ジョージ・ヴィリアーズに適材を推挙するように指示された。十八人の名前（その中に私も含まれていた）が記された名簿が提出された。陛下は即座に私を選ばれたが、枢密院の諮問を望まれ、勅選大使が認証された。旧造幣所からほど遠からぬ庭園内の屋敷に使者が来て、即座に出頭するように要請された。(58)賦与される栄誉のことなどつゆ知らず、枢密院が突然使者を遣わすとは、何かしでかしたかと訝った。これから午餐に与《あずか》るので、そのあと参内致します、と使者に言伝を託した。午餐を終えるとすぐ、もうひとり使者が遣わされ、今度は即刻ホワイトホールに出頭せよとの命令であった。行ってみると、枢密院のお偉方からフランス大使閣下の称号でご挨拶を賜った。それで、立派な肩書きを嬉しく思います。ただ、唐突に枢密院より呼び出しを受けましたので、濡れ衣でしょうが私に訴えが出ているのかと内心ひやひやでしたと。

最初の任務は、両国間で交わされた盟約を更新することであった。その趣旨では特命大使であったが、それが終わると、大使として駐在することになっていた。支度金として、約六、七百ポンドを受け取り、屋敷の金庫に納めた。夜の帳が降り、深夜一時頃、数名の話し声と戸を敲く音がした。屋敷の母屋には、私と妻、それに妻の小間使いだけしか眠っておらず、召使いは離れに詰めていた。物音を聞いた途端、押し込みだとピンと来た。しかしながら、寝床から出て窓に行き、どのような人物が寝込みを襲いに来たのか確認した。最初に聞いた言葉は、ウェールズ人よ、降りてくる肝魂《きもったま》はあるのかであった。その挑発に乗り、すぐさま右手に剣を左手に小さな盾を持ち、下着のまま階段を滑り降り、扉を勢いよく開け猛り狂ったように十から十二名に襲いかかった。ある者は斧槍を捨て算を乱してに潰走し、またある者は狭い通路を我先に逃げようとしたためか同士討ちとなった。クモの子を散らす退却に乗じて、奴らを旧造幣所通りの半ばまで追いかけたが、跣足《はだし》で石畳を走り疼きはじめ、夜盗を逃げるに委せるのが好ましいと判断して帰路についた。召使いたちも騒動を聞きつけ、この頃までには準備を整え、逃げた悪漢どもを追いかけましょうかと訊いた。もう手の届かない所まで逃げたであろうから、一緒に戻ろうと答えた。

旅の準備を進めている頃、ある日たまたまイナー・テンプル法学院を通り抜けようとしたとき、同郷［で因縁］のサー・ロバート・ヴォーンに遭遇した。売り言葉に買い言葉の応酬で罵り合った。それが契機となり、また名も知らぬ誰かの入れ智慧もあり、私に果たし状を送ってきた。大尉チャールズ・プライスによって、ブラックフライアーズの我が家に、日曜日の午後一時頃にもたらされた。読み終えてから、プライスに言った。普段日曜は祈りを捧げるのだが、すぐにヴォーンと会って、剣の長さを較べてやろう「首を洗って待っておれ」。介添人はだれがやるのかと尋ねると、プライスは己が務めると。その場に居合わせた実弟サー・ヘンリー・ハーバート［既出六男］に事情を伝えると、介添人を買って出た。あとは場所を決めるだけとなり、それもチェルシー界隈の河原と決まった[59]。

すぐさま弟と一緒に舟に乗り目的地に着いたが、二時間しても相手は現れなかった。弟をヴォーンの宿まで使い走りに出し、長らく人を待たせるのもいい加減にして一刻も早く来い、と催促させた。

しばらくして弟は戻ってきたが、相手はまだ準備が出来てないという。さらに一時間半、首を長くして構えていたが、やはり待ち人来たらずで、再び弟を遣わすことにした。風邪をひいたが、この悪党、日没までは待ってやる、と伝えさせた。弟は奴を連れて来ず、手ぶらで戻ってきた。ふたりで日没後半時は待って、帰路に就いた。

翌日、ウスター伯［第四代、エドワード・サマセット］より陛下の名代として、今後ヴォーンから一切連絡を受け取ってはならぬと命じられた。それとともに、陛下から、両者のもめごと終止符を打つようにと命を受けたという。その趣旨で、翌日二時頃に会いに来るようにと言われた。翌日その時間に伺うと、ウスター伯より直直に諫められた。大使となり公人となられのだから、私的な怨恨を抱いてはならない。そのあと、伯爵は何の造作もなくヴォーンとのいざこざに始末をつけた。フランスの任務という大役を陛下より仰せ付かる私が、この一件で解任されるのではと考える人もいた。だが、サー・ジョージ・ヴィリアーズ（後のバッキンガム公）が、今回に限る、という条件付きで後ろ盾になってくれた。

もうすでに旅の支度も済み、先任者に随伴した経験者から、選りすぐりの随員も決まったとき、個人的に付き合いのある友人から助言を得た。国庫からの支給は、あまり当てにならず、現金を調達できるように信用状を持参した方がよいと。前任の大使に融通した人物を調べると、フランス人の［アンリ・］サヴァージュ［ソヴァージュ］氏であった。その仏人の家へ出向き、前の大使と同様、フランスでの資金繰りを助けてくれないかと持ちかけた。あなた様のことはよく存じ上げませんので、ご照会しておきます。こういう次第でその金融業者のもとを去り、当代信用随一の［フィリップ・］ブルラマッキ氏を訪ね、同様の交渉をした。あなた様は立派な騎士で、約定を違えず信用のおける方、とかねてより評判は伺っております。そう言って書斎に行き、パリのド・ランゲラク氏宛に英貨で二千ポンドの信用状を出してくれた。どのような担保が必要かと尋ねると、口約束があれば、他に何もいりませぬ、と鷹揚な返答。とても大きな借りが出来たが、精一杯努めて返済する所存と決意を述べた。

金庫に多額の資金とこの信用状とを手に入れ旅立った。ロンドンを発った日は、今でもよく憶えているが、アン王妃が埋葬された日［一六一九年五月十三日］であった。王妃殿下をお慕い申し上げるすべての者にとり、誠にもの悲しい葬送であった。旅の最初の夜は、グレイヴゼンド［ケント州］で過ごした。宿で夕食をとっているとき、前述のサヴァージュ氏の訪問を受けた。先ごろ信用状のお話を承り、あなた様にお喜び頂けるものをご用意致しました。だれ宛かと尋ねると、パリのタルマン氏とラムブリエ氏宛であるという。ふたりはどれぐらいの価値の者かと訊くと、英貨で約一万ポンドという。この信用状はどれくらいの価値かと問うと、ご入り用の分に応じてという。担保はいかほどかと尋ねると、何も、言質だけで十分。聞くところによりますと、あなた様のお約束は必ず守られると折り紙付きだそうですから。

グレイヴゼンドより道すがら苦もなくドーヴァーに到着、百有余人の一行と船に乗った。すぐさまカレーに着いたが、その港町では、供された料理の味は故国の二倍の美味さでありながら、しかも支払いは半分であったと記憶している。カレーからブローニュ［＝シュル＝メール］、モンストルヴィル、アブヴィルそしてアミアンを経て、二日後パリ近郊のサン＝ドニ［歴代の仏王が眠る大聖堂で有名］に到着した。するとそこでは、私を出迎えるべく、馬車が長蛇の列をなしていた。その中には、式部官や旧友のメノン［ムヌー］殿、それに恩師ディザンクール殿がいた。そのメノン殿は今では馬術学校を経営していて、騎馬隊を率いパリまで付き従ってくれた。

パリに到着したのは、土曜日の夜、それも遅い時間帯であった。宿にようやく落ち着けたと思ったら、スペインの仏大使に仕える秘書官を通じて、要請があった。いの一番に私から表敬訪問を受けたい、つまり翌朝、謁見に来てくだされと。あいにく終日祈りを捧げる日でして、しかるべき時までお待ち下さるようにと伝えた。閣下も同じく日曜を主日とお考えです。でも、ご貴殿に対する閣下の評価は高く、すべての案件を差し置いてもご貴殿を厚遇する気持ちを優先させたいと申しております。しかしながら、月曜まで待たせた。

ほどなくフォブール・サン＝ジェルマンはトゥルノン通りに家を借りた。家賃は年二百ポンド（英貨）。家具調度品を備え付け、随行者全員に仮住まいを見つけてから、当時フランスの宮廷が置かれていたトゥールとトゥーレーヌへ向けて旅立った。当地に着くと、酷暑であった。フランス国王［ルイ十三世］と王妃にお目通りを願い出て、叶えられた。イギリス国王［ジェイムズ一世］が仏王に抱く多大な愛情を訴え、両国間に昔より続く同盟関係だけではなくて、［先王］アンリ四世とイギリス国王との間で交わされた、どちらか一方の君主が先に亡くなった場合、遺された方がその子孫を監督するという盟約をも再確認して頂いた。さらに、私の役儀は君命による義務というより、むしろ両国のため自ら進んで行なうものであること、したがってフランス国王陛下に礼を欠く振る舞いがあれば、それは私の落ち度となることを誓約した。このあと、我が国王陛下による信任状を手渡した。仏王もイギリス国王との相互の友誼を再確認し、殊更に私を宮廷に歓迎する意向を示してくれた。フランスの国王陛下は口数が少なく、それも極度の吃りで、一言半句を発する前にしばし黙止することが何度かあった。その上、歯並びは二列。(60) 常習となっている狩りや鷹狩りの際、ほとんど倦むことを知らぬほど一心不乱となり、奇声や歓声を挙げることはめったに、いや、まったくない。ブツが身体からはみ出している、ありていに言えば、つまりヘルニアのことであるが、それでも狩りを止めることはない。(61) 狩りを行なうとき馬に乗らぬことしばしばで、廷臣だけではなく馬丁をも疲弊させることで知られる。それは、どうやら寒暖に無感覚であることに起因するらしい。国王陛下の知性や天賦の才は、教育を受けずに育てられた者に予見される程度で、いともたやすく幼君を御することができるようにと周囲の者から長期にわたり無学にされた。そうはいっても、実行力のある多くの賢者と親しく交わり、時の経過とともに様々な事柄に知識をたくさん得るようになった。陛下はまた、無教育のうちに養育された者すべてにありがちなふたつの特質、猜疑心と本心を隠す猫かぶりで有名である。というのも、無知な者は暗闇を歩くとき、躓《つまず》く恐怖にかられる。また同様に無知な者は一般的に、賢明で手堅く明示的な仕方で公私にわたる行動を律する原理原則を持ち合わせておらず、寝業《ねわざ》を用い己が至らぬ点を補おうとする。だがそれは、時に貧窮者には言い訳となり、また瑣末な問題を扱う者には実際よく見受けられる特質であるが、一国の王にあっては非難すべき瑕疵《かし》である。なぜかというと、君主たる王は理性の力に基づき判断すべきであって、頼りない補佐に身を委ねるべきではないからだ(62)。とはいえ、勇猛果敢を顕示する場合が生じたとき、陛下は恐怖のため足が竦《すく》むことはなかった。また、猫かぶりゆえに新教・旧教いずれの臣下も不興を蒙ることはなかった。寵臣はリュイヌ公［シャルル・ダルベール］で、陛下が幼少の頃、庭で鷹を放ち小鳥を襲わせたり、小鳥に蝶々を捕らえさせたりして、巧みに取り入った。鷹匠としてだけ信頼していれば、それも許されるのだが。元服してからも、政治《まつりごと》の采配を鷹匠の判断に委ねたものだから、数多くの過ちが生じた。
　フランスの母后［マリー・ド・メディシス］や諸侯それに貴族は、鷹匠が陛下に言上する進言の行く末を憂慮したが、杞憂に終わらず、ついに内乱を招くことになった。[63] 鷹匠に寄せる信頼が如何に陛下を裏切るものであったかは、以下の逸話によって立証されよう。つまり、ボヘミアに関する案件が持ち上がったとき、鷹匠は内陸の国か、それとも海に面した国かと尋ねたという。しかも、陛下や居並ぶ廷臣たちの面前で訊いたのだ。[64]
　国王陛下に謁見する栄に浴し、スペイン王［フェリペ四世］の姉君であらせられる王妃殿下［アンヌ・ドートリッシュ］に拝謁した。話すべきことはほとんど何もなく、イギリス王の名代として外交辞令を申し上げた。けれど、王妃の女性としての特質に値する程度のお愛想は申し添えた。王妃は、オーストリア［スペイン・ハプスブルク］家のお姫様《プリンセス》で、とても美しいだけではなく、気立てもよく親切である。仏王に陳情に来る民草があれば、如何なる者にも執り成しを拒まず、臣民の訴えが実を結び得心するまで、全力を尽くしたことで知られる。結婚して何年も経ち、子を宿す年齢に達していながら、しかも王妃には、見たところこれといって身体に不備があるようには思えないが、未だ子宝に恵まれることはない。[65] かなり仔細に憶えているが、王妃は公の場で不肖私奴《わたくしめ》にご贔屓になさって下さった。それも、私の召使いだけではなく、様々な人々がそれと気付くほどに。最初のお目通りのあと、リュイヌ公に会いに行った。次に接見したのは、各国の大臣や諸侯のお歴々、それにその令夫人の方々、宮中に参内している貴婦人の方々、さらには以前スカーフを英国王妃に献上するように託された、あのコンティ親王妃である。フランス国王と閣僚との折衝に関して、この場で公言できるのはこれが精一杯である。私の目的は、さらに寿命が与えられるのであれば、ロンドンにある自宅の長櫃《ながびつ》に急書の写しをすべて入れて保存してあり、別の機会に公表することである。思えば、在任中のフランスで、かの国では何度か内乱が起こった。英国の皇太子（後のイギリス国王チャールズ一世）がバッキンガム卿などを伴いパリを経由してスペインに渡った。プファルツ選帝侯をめぐるボヘミアでの騒乱、プラハの戦い(66)、それに本国と対外戦争に関わる様々に由々しき事態が在任中に起こったものだ。精確な情報を得られない人々にとっては、私の話が一読に値するものと思われる。したがって、ここで記憶に残っているものだけを話そう。短い断章でも伝記の一端を伝えられるというもの。

トゥールからパリに戻ると、ある方針に沿って出来るだけ支出を抑えようと、家屋と厩舎の維持費を切り詰め、家計のやりくりに注文を付けた。ただ、フランスの流儀に従い、食事の度に、大量の牛肉や子牛の肉、羊肉と豚肉、そして七面鳥や鶏や雉や鷓鴣《しゃこ》などあらゆる鳥肉を供し、フランス風にパイやタルトも忘れず、それらが終わると、幾皿もの砂糖菓子を出すのを認めた。妻のメアリーがフランスに渡るのを固辞したため、これらのことに指示を出すのは、私にはかなり負担だった。当時家内は水腫症を患い、何年間も子を身籠もることがなかった。やむを得ず執事を雇った。その執事は物分かりがよく勤勉であったが、正直者とは言い難い。一等書記官はウィリアム・ボズウェルで、現在低地帯で外交官を務めている。フランス語担当の書記はオジエル氏で、後にフランスで外交官を務めた。馬の管理はド・メニ殿［既出のムヌー］に委せた。メニ殿は後にドイツとの戦争で千騎の騎兵を指揮し、武勇を発揮した。クロフツ［クロフト］氏も高等書記官のひとりで、後に王の酌取りとなった。優れた知能の持ち主トマス・カルーも書記で、後に王の肉切り給仕となった。次官に据えたエドマンド・タベルナは後に宮内庁の書記長に、スミス氏はノーサンバランド伯の秘書官になった。後に出世した人々の名を並べ立てたが、さらに多くを挙げることもできる。そうすることで、私に仕えてくれた方々について、以前申し述べたことが虚妄《こもう》ではなく真実であると裏書きされよう。

私がパリに来た当初は、イギリス人とフランス人の仲はとても険悪だった。バックリーとかいう人物の言葉を借りると、ポン・ヌフ橋では、ただイギリス人だという理由で、襲われ手痛い目に遭わされたという。けれど着任後一ヵ月もすると、全イギリス人が歓迎され、ほかの国民が疎まれるようになった。それも、フランスの遊び人が酔っぱらって、我が同胞に絡み喧嘩を売ったとき、フランスの旦那衆が同胞に加勢してくれたほどだ。

たまたまある日、遠縁のオリヴァー・ハーバートと随員のジョージ・ラドニー、それに召使いの頭ヘンリー・ウィティンガムが取るに足らぬ事でフランス人と喧嘩をした。親戚のオリヴァーは、偶然にコンデ親王［二代目アンリ・ド・ブルボン、第三代コンデ公］お抱えの用心棒を敵に回し、何箇所にもわたってかなりの刀傷を与えた。コンデ親王の屋敷がほど遠からぬ所にあり、剣術使いはその陣屋で慕われており、フランス人が大挙して助太刀に来た。前述の三名を役邸まで駆り立て、門の内側まで押し寄せ、鎌首をもたげた。窓からこの光景が見え、剣を持って出迎えた。連中は私の姿を見るとすぐ、一目散に逃げ出した。しかしながら、手練《てだ》れの剣客は虫の息、おかげでオリヴァーはフランスから追放された。オリヴァーの罪が軽減されるようにと、傷の治療代および慰謝料として当の剣客に仏貨で二百クラウン、つまり英貨で六十ポンド支払った。

近頃パリではペストが猖獗《しょうけつ》を極め、モンモランシー公爵［二代目アンリ］にメルルー城を借りたいと申し出た。その城に、公爵のご尊父様がご存命のとき暮らしたことがある。公爵は喜んで認めてくれた。パリを発ち、田園の心地よい風情を満喫した。旧知の者も大勢歓迎してくれた。

メルルー城の隣には改革派教会のド・モンタテール男爵が、もう一方の隣にはド・ブットヴィル殿がいた。ブットヴィル殿は当時ほんの従士風情であったが、後にフランス人全員がこぞって称賛する豪胆の騎士となった。両隣の城には、何れが菖蒲《アヤメ》か杜若《カキツバタ》、器量よしで分別のある淑女が大勢いたが、なかでもブットヴィル殿の妹は当代随一の麗人と称えられた。妹君の取り巻きが呑んで浮かれて底抜け騒ぎ、お蔭で公務に支障を来すことがあった。

冬の到来とともにパリの役邸に戻り、両国間の同盟条約に着手した。先に述べたように、そのために特命を［内々に］帯びていたのであった。けれど、フランス王は長々と先に延ばした。その間に、オランダ総督マウリッツ［オレンジ公］の［異母］弟君フレデリック・ヘンドリックがパリを訪れ再会した。低地帯の兄君に劣らず義理があり、大歓迎した。パリで弟君と連れの者を百皿分の料理で歓待した。百ポンドの出費と記憶している。

フランス王はようやくある日、両国間の盟約のため式典を執り行なうことに決めた。それで、私と供回りの者は贅沢な衣裳に身を包んだ。あれやこれやで千ポンドかかったと記憶している。実に盛大な式典で、それを題材にしてフランス語で小さな書物が大急ぎで印刷されたほどである。調印が終わった後は、駐仏英国大使の肩書でパリに滞在した。

さて、ここで私自身に関する個人的な出来事に触れて置きたい。同盟交渉全体の枠組みや周囲の状況に深入りせず、先述したとおり、それらは持論のため取っておく。時間の多くは、フランスの王侯貴族や国務会議諸卿の訪問に充てた。私の訪問は常に決まった時刻に為され、接受せられた。各国のフランス大使のお歴々も同様の対応をしてくれた。なかでも、ヴェネツィアと低地帯とサヴォイアの大使たち、そしてドイツの諸侯と大使たちは私に敬意を払い、通常は役邸に会いに来てくれた。当時の緊迫した国際状勢について協議したものだ。というのも、スペイン大使が権勢を揮い、世界に君臨する覇者を気取っており、前述の大使全員が一致団結してスペイン大使に対抗しようとした。我らすべての努力奮闘も虚しく奴の行動を阻止できず、奴は公的には国外での試みを首尾よく済ませ、私的にはフランスの主要閣僚を何人も買収した。このことは多くの経路で判ったが、なかんずくあるイタリア人の仲介によって明確になった。というのも、そのイタリア人はスペイン大使がフランスでの任務用に得たお金を、為替手形にして再配分していたからだ。つまり、そのイタリア人がスペイン大使用の尋常ならざる莫大な額を受け取る手はずになったとき、諸般の雲行きがにわかに怪しくなり、私および先述の各国大使の説く道理が如何に妥当なものであったにせよ、功を奏することがなかった。だが、のちに不当な状況を元に戻そうと皆で一丸となり策を講じたが、それもスペイン大使の手許に新たに莫大な資金が到着するまでの話で、先の閣僚ら［同じ穴の貉］に裏金が行き渡ると、鼻薬《はなぐすり》を嗅がされたが如く、もとの木阿弥となった。それでも、スペイン大使と私の間では、何度も往き来が繰り返された。ある訪問の折、スペイン大使が言うには、我らの利害は様々であるが、ふたりの間でなら親好を続けられるであろうと。というのも、それぞれが自分の仕える国王に最善を尽くしても、ふたりの間で軋轢が生じることはないというのである。彼奴の説く道理が気に食わぬわけではなかったものの、一言どうしても言い返せたらと思った。イギリス国王の名誉を守るため粉骨砕身の覚悟だと。私のこの発言には理由がある。つまり、フランス国王アンリ四世の御代、スペイン大使はイギリス大使の代理を務めていたという経緯がある。ある時、二国の大使が国務卿の控えの間に呼ばれたとき、スペイン大使は壁により掛かり尊大な態度でイギリス大使の手を取り、スペイン国王の正当な権利によりイギリス大使の地位を占めるものとする、と公然と言い放った。我が国の大使はその場で沽券に関わる問題に不快感を示さず、スペイン大使は英国大使から暗黙の諒解を得たものと誤解し、さらに大きな顔をする機会を得たというのだ。このような経緯のため、スペイン大使がパリで潰したと思い込んでいるイギリスの面目を回復するため、私は心を砕いた。スペイン大使は我が役邸で、それぞれの君主に全身全霊を捧げよう、とスペイン語でよく話していた。それで、私はイギリス国王陛下の名誉を挽回する好機到来を窺った。たまたまある日、ふたりとも様々な案件でフランス国王のもとに参集することになった。途中、パリとエタンプ[67]の間で、スペイン大使が私の前方に位置し、馬車に乗り、十六から十八名の騎馬兵を連れていた。私はというと、十から十二名を連れてやはり馬車に乗っていた。足並みの遅いスペインの歩調に従うか、あるいは急いで追い越すか選択を迫られた。そうしなければ、前任者のイギリス大使と同様に侮辱を甘受し、面目丸つぶれになる惧《おそ》れがあった。そこで供回りの者たちに、置かれた状況全体と、何らかの方法で我が国王陛下の名誉を取り戻したい旨を説いた。さらに、部下の者に助太刀してくれるかと尋ねた。一同の者が誓ってくれ、御者に歩法を速めるように命じた。スペイン大使は私が近づくのを見て、私の意図を勝手に邪推し、使者を遣わしご挨拶をと申し出た。応諾すると、使者は大使のもとに帰った。大使は馬車から降り、公道の真ん中で私を待った。その姿が見て取れたので、私も馬車から降り、仰々しいお世辞たっぷりの挨拶を返した。大使は別れを告げ、近くの空堀に赴き、おもむろに放尿の仕草をした。しかし、実際には、私が馬車で通り過ぎる際、大使の方が優位にあることを誇示する狙いであった。その悪意が私にも透けて見え、馬車を降りて予備の馬に飛び乗り、かの空堀まで急いだ。何故そこに立っているのか、そのわけは十分承知していると大声で怒鳴り、すぐに馬車に戻るようにと命じた。でなければ、私がその穢れた道を通り、同じ轍を踏むことになっていた。大使は私の気象をよく知っており、不平たらたら馬車に戻った。大使も供回りも当惑した様子でお互いに顔を見合わせるのが関の山だった。この間に私の馬車は、前方にいた大使の馬車を追い抜き、その直後、私は予備の馬を降り馬車に乗り込んだ。その時たまたま、私の馬車馬の一頭が蹄鉄を失い、四百メートルほど手前の鍛冶屋に引き返すことになった。蹄鉄をすぐ打てそうもなく、したがって鍛冶屋の手すきを待っていた。スペイン大使は我らに追いつき、さらに追い越すこともできたはずなのに、さらなる侮辱をおそれてか、かなり驚嘆すべきことだが、装蹄が済むまで公道で待っていた。

両者ともにエタンプまで旅を続け、スペイン大使はかなりの距離を置き我らの後塵を拝した。

スペイン人があまり面子の問題に拘泥しなければ、この一件に触れることもなかった。これを裏書きするのに、スペイン大使がスペイン国王フェリペ二世［英国女王メアリー一世と婚姻関係中、英国の王位を兼任した］に為した返答を思い起こすのがよかろうと思う。国王フェリペは、大使がイタリアでの重要案件を放置したため、奴を咎められた。それというのも、大使はこのような名誉や体裁に関わる問題でフランス大使と意見の一致を見ることが出来ず、その案件を怠ったのだ。国王フェリペのたまわく、儀礼のため重要な案件をお座なりにするとは如何にと。大使は畏れ多くも陛下に盾突き、何と、儀礼のためですと。陛下自身が儀礼に過ぎぬではありませぬか、と容喙《ようかい》した[68]。しかしながら、スペイン大使は私に上手《うわて》を取られたことを公然と黙殺したが、聞くところによると、あの出来事に一矢報いるまで猫を被っていたという。だが、今日に至るまで、エタンプの敵《かたき》をパリで討たれたことはない。

フランスの大公爵を何度か表敬訪問したが、その雲上人の中に、かの大元帥レスディギエール公爵［フランソワ・ド・ボンヌ］がいる。老いさらばえて耳が不自由であった。ご隠居が発した最初の言葉は、耳が遠いものだから、大声で話してくれるかであった。生まれながらにして命令するだけで、聴従の必要がないからでしょう。周りの者に閣下の言を聴く耳があれば十分ですと答えた。老公爵はこのお世辞を飲み干してくれた。老翁が記した軍に関する金言と所見の手稿を持っているが、私の値踏みでは高価な代物だ。

ここで個人的な話をしよう。眉唾に思えるかも知れないが、天地神明にかけて真実である。フランスに来て一年半が過ぎた頃、［スイス］バーゼルの仕立屋アンドルー・ヘンリー（今はブラックフライアーズに住んでいる）から、背広を一着誂《あつら》えるのに、サテンの生地を以前の分に加えて半ヤード上乗せして欲しいと要望があった。フランスに来てから太ったわけでもあるまいと言って、その理由を訊いた。仰せの通りで横に拡がったわけではないのですが、縦に伸びましたからという。私が信用しないと見ると、従前の型紙を取り出し当ててみると、なるほど現在の丈まで達しないという寸法だった。何故このようなことになったのか見当がつかなかった。けれど、腑に落ちぬまま、半ヤード分を余計に与えた。本国に帰ってから、疑念を晴らそうと思った。というのも、フランスに向けて出発するほんの少し前、ベドフォード伯夫人［既出、プファルツ選帝侯妃エリザベスの幼馴染］に請われて［第三代］ペンブルック伯ウィリアム・ハーバートと丈比べをしたことがあるからだ。その際、伯爵の方が小指の幅ほど背が高かった。イギリスに帰ってから計り直してみると、ふたりとも驚いたことに、今度は小指の幅ほど私の背丈が高くなっていた。身長の変化は、なかんずく前述の四日毎に起こる瘧《おこり》のせいだと思う。瘧が収まってからはかつてないほどの健康に恵まれ、お蔭でのちに悔いることになる愚かな行為に走ることになった。実は今でも後悔している。だが、家内が渡航を拒み欲望には際限がなく、したがって犯した過ちはその分を差し引いて斟酌してもらえると有り難い。しかし、請け合ってもよいが、フランスであろうとイギリスであろうと、遊廓には一歩たりとも足を踏み入れたこともなく、過度に快楽を貪ったこともなく、ましてや女漁りを常習とする奴らの共通項、愛を装い籠絡する偽善を為したこともない。この一件から帰結を導き出すと、あまり気乗りがしないものの、神にかけて告白すると、姦淫やそれに類する罪に悦楽を感じたことはなく、この手のことに時に耽ったとしても、それはさらなる大罪を避けるためであったと。〔自然に反するものはことごとく忌み嫌ってきた〕確かに合法的な特効薬があれば、度を越す行為に耽ることは一切なかったであろう。思うに、人類の中で最も貞操観念の高い者の魂を揺さぶったと覚しき情況を語ることによって、自身の罪状を酌量して頂けるであろう。だが、事情を明かすのに相応しくない艶事は、語るのを差し控えよう。なぜかというと、手籠めにして手傷を負わせたわけではない場合、哲学者はこの行為を「操正しい行為のひとつ」に数え上げてきたが、それとともに「恥ずべき言い訳」のひとつとも見なしているから。したがって、自分の身に関する奇妙な事柄だけを語ろう。

私よりも頭ひとつ分だけ背が低く、しかも痩身の男とよく体重を較べたが、私の方が軽かった。

実際に一緒に目方を量ったことのあるサー・ジョン・ダンヴァーズ［継父、実母マグダレンの再婚相手］と存命のリチャード・グリフィス［召使い］が証人である。また頭頂には、かつて肉刺《まめ》があったし、今現在もある。(69)私に仕える侍従にはよく知られた事実だが、直接触れる肌着や下着の類は、他の人には見受けられることはなく、また容易には信じがたいほど、馥郁たる香りがする。(70)やはり吐く息も、同様に芳しい。しかしそれはタバコを吸うようになるまでのことで、晩年になり鼻水や鼻汁に悩まされ、処置を余儀なくされた。［喫煙は当時の流行で、誘淫のほか健康増進のために使われた］けれど、そう長くは不快な口臭が続くことはなかった。洟《はな》がよく垂れ、風邪には人一倍かかりやすい体質だと思うが、［傷寒《しょうかん》で］熱にうなされることは終生まれであった。我が子孫に、身内だからこそ、すべてを伝えておこう。でなければ、ほとんど書く価値もなかろう。

私がイギリス国王よりフランスに派遣された趣意は、両国の友好関係を維持することであり、任務は高貴で喜ばしいものだったが、大した労苦もなかった。というのも、フランスは当時イギリスに対して奸計を弄することもなく、ジェイムズ王は全世界が認める平和愛好者であったから。このような次第で、条約の調印や外交交渉に時間を費やす傍ら、フランスの閣僚やパリ駐在の各国の大使との付き合いに時間を割いた。余暇は自著『真理について』の執筆だけではなく、様々な貴顕紳士の訪問に充てた。それは単に、その国の世情を知り、社交儀礼を弁《わきま》えるためであった。自由で偏見がなく、愛想よく付き合うことが大いに求められた。上流階級のあらゆる人々が互いにもてなすことに夢中で、天気の穏やかなとき、パリではチュイルリーの庭やヴァンセンヌの森で、男女を問わず社交が首尾よく行なわれる。美貌の持ち主か、あるいは立派な身なりや流行の服を着た者たちが、そのような社交の場に出向き、人々に気さくに話しかけないとすれば、その行為は礼儀作法に反すると考えているらしい。天気が悪い時の過ごし方は、互いの屋敷を訪問し、慇懃な挨拶を交わし、音楽を聴き、あるいは舞踏に打ち興じるのが常である。かなり馴れ馴れしい態度だが、その国の流儀に倣い慎みを以て行なわれ、人倫に悖《もと》ることはない。その流儀とは、チュイルリー庭園であれほかの場所であれ、男性がある貴婦人と談笑しているとき、身分のある他の男性がその貴婦人のところに近づいて来るのを認めると、その貴婦人のもとを去り他の貴婦人のもとへ行く。男性たちは花から花へと飛び回り、お互いに邪魔し合うこともなく、会話が自由に同等に行なえるようにするというものである。これらの条件の下では、何ら例外もなく諍いも起こらない。

たまたまある日、夏の午後八時頃［まだ宵の口］のこと。当地で得た情報を我が国の陛下に知らせる急書を認《したた》めようと、チュイルリー宮殿から帰ろうとしていた。その折、王妃殿下［アンヌ・ドートリッシュ］が庭園に入ってこられた。取り巻きの貴婦人を何人か連れられてはいたが、廷臣はだれひとりとして従えていなかった。私は小径の一方の側で歩みを止め、妃殿下と供回りの者に敬意を表したあと、屋敷に急いで帰ろうとした。そのとき、妃殿下が私に目を留め、しばし佇まれた。私にエスコートを期待されているかのようだった。だが、私がその場で表わせる情意は妃殿下という地位や立場に抱く敬意がせいぜいであった。隣にいたコンティ親王妃［既出、英国王妃アンにスカーフ贈呈を託した］が私を呼び止め、お妃様と散策しなければなりませんと言う。しかし、我が国の陛下に送る急書に着手しなければなりませんからと言い訳をすると、ヴァンタドゥール公爵夫人［既出、モンモランシー老侯爵の二女］がコンティ親王妃のあとから来て言うには、やはり拒むことは出来ませんと。それで、フランスの流儀に従い公爵夫人の手を引いた。すると、コンティ親王妃が当人ではなく別の人に授けた小生の礼儀作法が気に喰わぬと言って、公爵夫人に同意を求めた上で、私のもとを立ち去った。だが、妃殿下がその場を離れなかったため、親王妃をそのまま見送り、精一杯恭しく妃殿下のもとに寄り彼女の手を引いた。このようにして、オレンジの木が何本か育つ庭園を散策し、楽しく談笑していると、帽子を被らずにいた我らふたりの頭上に小さな粒が降ってきた。(71)ことの次第はこうだ。国王陛下［ルイ十三世］が庭にいて、空の鳥を狙い銃弾を放った。狙いのつけ処が完璧だったのか、見事その弾粒が我らの頭に当たった。王妃はびっくり仰天、私がさらに近寄りお怪我はありませんかと声をかけると、ええ、大丈夫ですわと。それで、髪から弾を二、三粒取って差し上げた。庭師を呼んで、陛下に伝えさせた、妃殿下がこの庭におられるので撃つのを控えて下さるようにと。そのことが国王に仕える貴族たちの耳に入るとすぐ、多くの者が王妃のもとに駆けつけた。その中に、ル・グラン殿［ベルガルデ公爵、ロジャー・ド・サン・ラリー・ド・テルメ］がいた。彼奴は王妃がいまだに私と談笑しているのを見つけ、秘かに妃殿下の背後に忍び寄り、ポケットに隠し持っていた砂糖菓子《コンペイトウ》をそっと妃殿下の頭に降り注いだ。妃殿下に再び弾粒が降ってきたと思い込ませる小細工としては十分であった。ル・グラン殿に向き直り、貴婦人を怖がらせるより他に余興の策が思い浮かばないとは、老いたる廷臣の名折れと貶《けな》してやった。しかし、妃殿下はすぐさま御寝所に戻るというので、暇乞いをして私も役邸に帰った。上記の事件はたとえようもなく奇妙で、ここに書き留めておくのがよいと思う。

ある日たまたまコンデ親王が屋敷に訪ねてこられ、イギリス国王陛下のことが話題となった。親王が言うには、陛下におかれましては学問上の知識と高い見識を有され、また温厚のうえ徳高くあらせられることは存じておりますが、呪詛に凝っておられるそうですね。それは陛下の惻隠の情の顕れですとお答えすると、呪詛が情けや思いやりとは如何と詰問された。げに、ありなん。といいますのも、陛下は罪人をご自身で罰することもできますが、処罰を神の御手に委ねられます、と再度お答えした。このように陛下を弁護して、後にフランスの宮廷で誉めそやされた。

リュイヌは依然として王の寵臣にして、フランス国内の改革派教会の信徒［カルヴァン派プロテスタント／ユグノー］に対して干戈を交えるように勧め、次のように進言した。陛下、かのように権勢を誇る勢力を王国内に留どまらせては、偉大な君主と呼ばれることはありません。また異端者をあまたの数にまで膨れ上がらせ、［ナントの］勅令により官職に就かせては、キリスト教国の正当な大王と称されることもありません。したがって、スペインの歴史を繙けば明らかなように、彼らがムーア人［モーロ人］を排斥して異国に放逐したが如く、我らも国内の改革派を殲滅すべきでありますと。この進言は若き王には是認されたものの、賢明なる重臣には不評であった。特に大法官シルリー侯爵［ニコラ・ブリュラール］や大蔵卿［ピエール・］ジャナンは異議を唱えた。ジャナンの考えでは、一方の宗教を根絶する目的で内乱を起こすより、ふたつの宗教を認め、平和を望むという。しかしながら、フランス国内のイエズス会派だけではなく幾人かの諸侯や軍人に、リュイヌの目論見は称賛された。ある日、［第四代］ギーズ公［シャルル・ド・ロレーヌ、コンティ親王妃の兄］が私のもとを訪れて言うには、改革派を根絶やしにするまでフランスに安寧はないという(72)。公爵の真意が解せませぬと言うと、理由を尋ねられた。改革派の鎮圧が済むと、次は国内の地方総督や要人の番です。また、現国王は名君であられますが、継承者がそうとは限りません。さらに、君主という者は、目の上の瘤《こぶ》がなくなれば、とかく暴君に豹変するものですから、とお答えした。私の返答は不吉な予言となった。なぜかというと、改革派教会が現在のように骨抜きにされた途端、幾人もの地方総督、なかでも当のギーズ公の権力や権限が弱められ抑制されたからだ。公爵は、さぞ臍《ほぞ》を噛む思いだろう。そうはいっても内戦は激しさの度を増していった。イギリス国王陛下より賜ったご教示に従い諫言をしたにもかかわらず、どちらの側にも思い止まらせることが出来なかった。次のような言い分が耳朶に響いた。フランス人の見るところ、我々イギリス人は、教会に相応しい荘厳な儀式とともにその位階制度を温存し、そして聖人を称える祝祭日や教会音楽を堅持し、神を讃美し神学に名誉と褒賞とを授けるなど神の様々な教えを遵守しており、そのためイギリスの宗教改革は許容されるものであるが、その一方でフランスの宗教改革はイギリスの改革とは違い、早計で過激な改革であり、自国民にとうてい容認されるものではないという。これらの見解に対して、次のように答えた。フランスがローマ・カトリック教会から離別する理由は、温厚で穏当な人々により様々に教授も開陳もされていいます。それによると、改革の多くは民衆が口火を切ったといいます。しかるにイギリスでは、宗教改革は君主自らが着手し、したがって過激になることはありませんでした。そういう次第で臣民の反感を買うことがなかったのだと思いますと。さらに見解を補足して具申した。もしフランスの新教徒も教会の位階制度を支えられるだけの資金が潤沢にあれば、その制度を容易に認めるでしょうし、またフランスの教会堂がローマの教会堂に劣らず美しいものであれば、そのために分裂をするというよりむしろオルガンと聖歌隊を好むとともに、古式ゆかしき荘厳な儀式を採用するでありましょう。祝祭日についても、フランスの要人や司祭の方々は、平民と較べると、さらにそれらを容認することは間違いありません。民衆の多くは労働者や職人で、生計を立てるにはローマ・カトリックよりプロテスタントの方が、さらに多くの日々を労働に費やすことができ、都合がよいでしょう。しかしながら、新教徒の存在はカトリックの司祭に生活や行動を改善させるほどではなくても、用心させるぐらいには戒めとなっています。さらに明白なことに、改革は新教徒の間から始まりましたが、旧教徒も様々に自分たちの制度を改め、平信徒から奪い取った権力を弱めるだけではなく、以前よりも信仰を深め節制に勤めています。最後に、新教徒は国家の統治に関して王の権威だけを認めていますが、一方で旧教徒は王権を教皇権よりも様々な点で劣り、隷属すると考えていますと。このように情理を尽くして答申をしたが、リュイヌ殿とフランス王の決戦の意向を翻すには至らなかった。

［一六二一年六月］フランス王は今や軍の召集を済ませ、国内の改革派教会撲滅へ進軍を始めた。イギリス国王より、和平を取り持つようにと君命が届いた。もし私による説得が首尾よく功を奏さなかった場合、我が国王陛下は両陣営に対し言葉を尽くし改革派の身の安全を願うとともに、仏王には改革派の信徒殲滅や根絶を許さない旨を知らせるようにとの訓令であった。仏王はサン＝ジャ

ン＝ダンジェリ［フランス南西部、ユグノーの軍事拠点］を包囲するところであったが、そのとき私はと言うと、パリにいて熱病から治ったばかりであった。病床に臥している間、有能な医者の助けのほか、フランスの貴顕紳士淑女の方々から見舞いを受け慰安を得た。なかでもコンティ親王妃は二、三時間も傍らに坐り、愉快な話をして励ましてくれた。私は感謝の言葉のほか何も返すことができず、気が滅入った。それでも英国王より賜った君命で元気を取り戻し、遅ればせながら馬車に乗り込み供回りの者を連れ、サン＝ジャン＝ダンジェリへ向かった。当地からほど遠からぬ所に着くと、様々な状況からイギリス本国の指令の趣旨がすでにフランス側に露見し、歓迎されないことが解った。それでも仏王に拝謁し、役儀から言うべき事をハッキリと伝えた。ご返答は賜ることはなく、ただリュイヌ公に会うようにとの仰せであった。側近のリュイヌ殿に会えば、御意が判るというのだ。こうしてリュイヌのところに行ってみると、見かけは歓迎の意を表してくれた。だが、内心では如何なる奸計を弄して私を陥れ、改革派に対する加勢を頓挫させるつもりか解らなかった。というのも、アルノー氏という間者を室内の帷《とばり》の陰に潜ませていたのだ。この御仁はその当時は改革派であったが、すでに王の側に寝返る密約を交わしていた。後にカーライル伯［ドンカスター子爵、ジェイムズ・ヘイ］に白状したところによると、リュイヌが私に為す返答を改革派に伝える際、私からはほとんど如何なる掩護射撃をも期待できないと、役目として伝えなくてはならなかったという。このような次第で、リュイヌを前にして椅子に坐ると、用向きを尋ねられたので、次のように答えた。我が国の国王陛下の仰せでは、仏王と国内の改革派教会との間に和平を取り持つようにとの命です。さらにフランスの面目を保ちながらも両国の友好関係を損なわぬように、公平で対等な関係で成し遂げる御意であると。これに対するリュイヌの返答は、なんとぞんざいなことか。英国王はフランス国内の軍事行動に何の関係がある。内政に干渉するのかと[73]。英国王はことを為すに当たり、その理由を開陳する必要はありません。小生としても陛下の命に服すれば十分でありますと応酬した。とはいえ、もしリュイヌが丁寧な言葉で訊いてきたら、合点がいくまで全力で説明したであろう。これに対しリュイヌは、ただ、あ、そうと、けんもほろろ。勅命を全うすべくリュイヌに伝えた。英国王は仏王アンリ四世との間で交わされた盟約により、どちらか一方の君主が先に天に召された場合、遺された者が相手国の秩序安定と静穏無事に尽力する旨、すでに伝達されています。また、最近のフランスの内乱においても、これまでに義理堅くもこの御意を表明されているばかりではなく、この期に及びフランスのために如何に深く心を痛めているかをお示しあそばされています。さらに、フランスに平和が確立された暁には、昔ながらの友好国であり同盟国であるプファルツ侯国［ジェイムズ一世の娘エリザベスの嫁ぎ先］を援護していただけることを願っておられますと。貴殿から進言は一切無用と言うので、英国王の愛情と善意とを十分にご理解していただけなくて誠に遺憾ではありますが、そのお言葉をご回答とする旨、またこちらの条件が退けられましたので、当方にもそれなりの考えがあります［軍事介入の示唆］、と役儀上意見した。これにはさすがにリュイヌも堪忍袋の緒が切れたと見えて、英国など恐れるに足らぬはと口走った。それを受けて、もし汝ら英国民ど虫唾《むしず》が走るはと言ってくれていれば、その言葉を信じたでしょうが、その答弁は筋違いですねと。その間、リュイヌにすでに伝えた言葉、つまり、こちらにも考えがある、その台詞の他に繰り返す術がなかった。この挑発は、与えられた権限の域内では、いくらか取るに足らぬ些細なことであったが、リュイヌは鬼の形相で、神にかけて、もし大使でなければ、痛い目に遭わせてやるのだが、と怒鳴った。小生は、大使であるのと同様、名のある騎士であると宣言し、おっつけ剣の柄に手をかけ、目にもの見せてくれるわ［ぞんざいな物言いの報いを受けよ］と、椅子から立ち上がった。リュイヌも同じように席を蹴ったかに見えたが、出口まで案内しましょう、と柳に風と受け流した。肩透かしを喰らい、このように鼻であしらわれた後では外交儀礼にこだわる理由はありませんと突っぱね、腰抜けのもとを去った。宿屋に戻ってからは、三、四日の間、サン＝ジャン＝ダンジェリの町に近接路を造る際、フランス軍がどのようなやり方をするのか、お手並みを拝見して時を過ごした。当時のことでよく憶えているのは、大砲の届く範囲に馬車を走らせると、町の者が私を敵だと思い込み砲弾を雨あられと浴びせかけたことである。御者は背筋が凍りつき、一歩も先に駒を進められなかった。

馬車から降り、御者に馬を安全なところまで曳くように命じた。さらに多くの砲弾を浴びたが、塹壕まで歩いて行った。スコットランド人のシートンの案内で塹壕内を見学した。低地帯軍の掘り方とは少し違いがあるのに気付いた。かように得心したが、サン＝ジャン＝ダンジェリの町も降伏間近で、コニャックにいる仏王に暇乞いをするのによい潮時だと思った。コニャックからほど遠からぬ村に、夜の十時頃に着くと、軍がすべての宿泊所を占拠していた。それで、市が開かれる広場で馬車を降り、糧秣《りょうまつ》の調達に宿屋へ行かせた。持ち帰ったのは、ライ麦パンが六斤だけだった。私自身と連れで食べるか、あるいは馬に与えたものかと迷っていると、私の所在を聞きつけた改革派教会のフランス貴族ド・ポン殿が立派な供回りを連れて現れ、近くの城で泊まるようにと勧めてくれた。誠にありがたい申し出ではありますが、あなた様の身を危険に晒すことになり、どうしても受けられません。当地での用向きは改革派に味方することであり、フランスの主要閣僚たちは私と気脈を通じる者を警戒するでしょうから。とはいえ、もし町中で宿泊できる場所を提供して頂ければ、慎んでお受け致します。遣いの者を方々に出し、ようやく借地人の家に部屋を見つけてくれた。ポン殿自ら案内してくれるとともに、私と馬が泊まるのに必要なものを揃えてくれたものの、ポン殿の敵、王党派の兵士が占拠した場所であったため、その場を離れるようにお願いした。ことのすべては隠密裡に行なわれたわけでなく、ポン殿はのちに私と内通した廉でフランスの法廷に告発された。その嫌疑を晴らすのが私の定めであった。

翌日、コニャックに行くと、貴族で友人のサン＝ジュラン陸軍元帥［パリス伯爵、ジャン・フランソワ・ド・ラ・ギシュ］が出迎えてくれた。元帥閣下が言うには、小生は王の寵臣リュイヌ公の逆鱗に触れ、進退これ谷《きわ》まるという。それとともに、私が為すべきことについて助言を賜った。ですが、剣が手許にあれば、どこであろうと身の安全は確保できます。また、仏王陛下に謁見を願い出る所存ですと答えた。お目通りが許され、意外にもそれほど冷たくあしらわれることはなかった。陛下とは見かけは良好な関係のまま別れた。

その後すぐ当地からパリに戻ると、飛ぶ鳥を落とす勢いのリュイヌ公を妬みその傲慢さを嫌悪するすべての閣僚や貴族から歓迎された。一同の話では、リュイヌは彼奴の弟［カドネ侯爵、オノレ・ダルベール］を筆頭に使節団を組みイギリスに派遣したという(74)。その目的は、第一義的には私に対する苦情を申し立て、できれば罷免を求めることであった。つまり、サン＝ジャン＝ダンジェリで不届きがあったと思いもよらぬ仕方で濡れ衣を着せ、さらには事の発端が私にありと讒訴することで溜飲を下げた。これらの情報提供に謝意を表すとともに、リュイヌの讒言と鍔迫《つばぜ》り合いの真相では小生にかなり分があり、腰に佩いた剣は伊達や酔狂ではない、と意気込みを語った。一同の者から爪弾《つまはじ》きにされるどころか、ご健闘を祈ると景気づけられた。

その直後、続いて外交使節［デュムラン殿］が大勢の供回りを連れ、仰々しくイギリスを訪れた。［一六二一年の夏］私に対して告発が為され、本国に呼び戻され［解任され］た。それも悪くなかった。というのも、支出状況は非常に悪く借金が嵩み、現在弁済できる以上の額、三千か四千ポンドを商人から用立ててもらい、間尺に合わないと思っていたから。このような次第で宮廷に参内すると、当時はまだ友人であったバッキンガム公がフランス大使［ロンドン駐在の第二代ティリエール伯タンギー・ル・ヴュルネ］により為された異議申し立てを事細かに話してくれた。［一六二一年九月二十八日］先に披露した抗弁に付け加えて、私の言い分を剣で証明いたしますと決意を述べた。直後、陛下とバッキンガム公を前にして、ふたりの間で生じた行き違いの件で決闘を申し込むため、リュイヌにラッパ手を遣わすのを慎んでお願いする旨を伝えた。しかし、私の挑戦は詮議されることなく、却下された。しかしながら、私の要望は広く世間の知るところとなり、話題となる機会も多かった。私の話を聞いたすべての人は、好意を寄せてくれた。だが、唐突にリュイヌの訃報が舞い込み、あっけなく一件落着した。［ユグノー征伐の只中、一六二一年十二月二十一日、猩紅熱で歿］私をもとの任務に復帰させ、フランスに戻してくれるよう要求した。けれど、すぐには出発しなかった。大蔵省からの支給も見込めず、また私自身の収入でフランスでの債権を償うのも難儀であった。この間にカーライル伯［ジェイムズ・ヘイ］がフランス特命大使の任を受け、リュイヌ公とのやり取りの確証を持ち帰った。帷の陰に身を潜めていた先述の曲者、アルノー氏が私の言ったことはすべて本当であると証言した。陛下も納得された。

この時までには借金の返済を終え、陛下に新しい訓令を仰ぐと、カーライル伯が次の通達を携えてきた。陛下は私の能力と忠誠心とを試された上で、すべてを私の分別に委ねる以外如何なる指示をも与えないとのことであった。それというのも、私が用意周到に物事を運び、同様に火急の事態に直面した時も、本国から指示を仰ぐ必要がなく、目下何を為すべきかを見極められると考えたからであるという。つまり、上から指示を待てばフランスやドイツそしてキリスト教界の他の諸地域でも沸き返る危機的状況に対応が遅れ、もしかしたら然るべき適切な判断が出来ないかも知れず、したがって私の警戒心や思慮分別それに忠誠心に委ねるべきであるという。この通達に対して閣下に次のようにお答えした。これは陛下が私にお寄せくださる特別な信頼の証であると思います。とはいえ、口幅ったいようですが敢えて申し上げます。これによって権限は増すものの、過誤を犯す幅が拡がります。宗教戦争が盛んなこのような激動の時代にあって、敢えて小生の判断力に頼り、僭越にもあらゆる出来事に対処しようとは思いません。したがいまして、畏れながら今一度、新たな指示を与えて下さらんことをお願い申し上げます。必ずやお役に立つことをお約束致しますと。これを以てカーライル伯は国王のもとに帰ったが、先述した通達のほかは何も音沙汰がなかった。つまり、陛下は私を全面的に信頼され、指示を与えて行動を制限せず、すべてを私の分別に委ね、それとともに望まぬ悪しき事態が生じたなら、その失策は私の職務怠慢で、責任を転嫁できると見込んだのである。

陛下がこのように肚を決められたので、慎んで陛下と宮廷の友に別れを告げた。サヴァージュ氏のもとに行き信用状を所望すると、以前と同じように金額の欄が空白のものは、ご用立てはできかねます。ご入り用の金額のみにして下さい、という。たしか、耳を揃えて返したはずだがと詰め寄ると、取り決めの期日までに完済されませんでした。ですが、三千ポンドの信用状をお作りしましょう。あなた様がお望みになれば、さらに多く借りられることを請け合います、という。サヴァージュ氏の保証は確かだった。のちに私の信用で、さらに多く総額で五、六千ポンドも借りた。

［一六二二年二月二十二日］パリに着くと、錚錚《そうそう》たる方々から歓迎された。リュイヌ公との確執で気を悪くしている人や、公の頓死を悼む人がひとりもいないことも解った。なかでも、仏王妃はリュイヌを長らく嫌悪する輩の中で最たる者であった。これに付随して、王妃殿下のお言葉が思い起こされる。ある日、妃殿下に拝謁した折、リュイヌとの仲を取り持つのに如何ほどご尽力して頂けましたか、と尋ねた。正当な理由であれ外圧であれ、リュイヌ公を憎むのに如何なる大義名分があったとしても、陛下《リュイヌ》の走狗に味方せざるを得ませんでした、とのご返答であった。スペイン語で、お。

妃様らに無理強いはできませんねと言うと、ニッコリと微笑まれた。

　イギリス国王陛下より賜った自由、つまり私自身の分別以外の如何なる規則にも拘束されない裁量に従い、公務の処理に着手した。その間の交渉はかなり順調で、駐仏の残りの日々は、ことの処理に関して陛下に満足して頂けた。つまり、フランスやドイツそしてキリスト教界の他の諸地域で沸き立つ危機的な状況に際して、陛下の名誉を保ち利権を死守したと理解して頂いた。この任務はとても重要であったが、私にはお安い御用であった。というのも、世界各地に散らばるイギリスの大使や外交官から、各々の管轄で起こる出来事が寸分違わず報告されたからである。ヴェネツィア大使で学識があり知略に富むサー・ヘンリー・ウォットンは、イタリアで何か新しい出来事があるとすべて知らせてくれた。サー・アイザック・ウェイク［一時期ダッドリー・カールトンの書記を務めていた］からは、サヴォイア、ヴァルテリン［イタリア最北の地、スイスに境を接する］、そしてスイスの情勢が詳細に知らされた。ドイツの外交官サー・フランシス・ネザーソールからは、陛下の娘婿でボヘミア王プファルツ選帝侯のために、ドイツ君主同盟の動向が逐一、それとともにドイツの情勢も遺漏なく報告された[75]。低地帯の大使サー・ダッドリー・カールトンからはオランダの情勢を、ブリュッセルの外交官ウィリアム・トランブル氏からは南ネーデルラント関連の情報を、そして最後にスペイン大使サー・ウォルター・アストンや後任のブリストル伯［ジョン・ディグビー］そしてコッティントン卿［マドリード駐在の外交官］からスペイン宮廷関連の情報を得た。これらの情報を分析し公務を処理するに当たり、問題の所在を見出し判断した。その他、パリで主に情報を得たのは、低地帯の大使ランゲラク氏やドイツ君主同盟の外交官ポステック氏、それにヴェネツィア大使コンタリーニ氏、マンチュアの外交官で友人のグイスカルディ氏、ボヘミア王プファルツ選帝侯の外交官ゲレタン氏、スイスの外交官ヴィラーズ氏、ジュネーヴの外交官エノラン氏であり、これら様々な人々の助けを借り、寄せられた情報を合算して、為すべきことが判った。

ドイツで［三十年］戦争が激しさを増す中、フランスの有志が数名、私に面会を求めて言うには、ボヘミアの王妃殿下［プファルツ選帝侯妃エリザベス］に仕えられますよう、お力添えを賜りたく存じますと。彼ら勇士は王妃のお役に立ちたいと切に願っていたのだ。私も同様に、その件で精一杯有効な手を打った。しかしながら、プラハ［郊外の丘、白山］の戦い以降、［敵対する神聖ローマ帝国］皇帝側が完全に優勢を占め、これらフランス人は念願成就を見込めそうもなかった。この頃、［ベルギーの名家］クロイ公爵がブリュッセルからフランスの宮廷に転任され、私に会いに来られた。イギリスの島嶼のことなど眼中にないかの如く、世に普くすべての国々がスペインに跪く時が来た、と大風呂敷を拡げた。聞き捨てならぬ大言壮語に答えて言った。まだ実現していないことを神に感謝します。仮にそうなったとしても、最悪でもご貴殿の国が置かれている今の危機的状況と変わらないという慰めがありますと。どのようにしてこの話が漏れ伝わったのか定かではないが、フランス人に大いに褒めそやされた。イギリス以外の国は、［このまま手をこまねいていると］クロイ公爵やスペイン統治下の諸国が隷属するのと同じ厳しい支配を甘んじて受けることになる、という私の皮肉が読めたのであろう。

ある日、たまたまブリュッセルの外交官と低地帯の大使が矢継ぎ早に会いにやって来た。私は親しみを込めて、譬え話をした。［南部］十七州のうち、宗主国スペインの支配下にある地域の人民は、厩舎の馬のようだ。櫛で毛を梳かれ、毛並みを調えられ、秣を与えられる。同様に鞍を載せられ、拍車をかけられ、擦れて皮が剥《む》ける。［オレンジ公の影響下にある北部］低地帯の人民は草原の馬に似ていると思う。厩舎の馬と同じように手厚く飼育されたいと願っているが、不羈《ふき》奔放にとび跳ね、蹴りを喰らわせ、暴れる。歯に衣着せぬ当てこすりだったが、ふたりの癇に障ることはなかった。あるいは、もし低地帯の大使が少し気を悪くしたとしても、後に機嫌が好くなったと思う。話を続ける中で、もうひとつ譬え話をしたから。ユトレヒト同盟諸州［北部七州、ネーデルラント連邦共和国の礎］は領内で猫の額ほどの居室に閉じ籠り海と陸の両方から兵糧攻めに遭いながらも、あらゆる機会に味方よりも敵が必要だと自ら勇猛心を誇示しているようなものだと。このお世辞を、きっと低地帯の大使は飲み干してくれたに相違ない。

この頃フランス人は、イギリス国王が皇太子［チャールズ］とスペイン王［フェリペ四世］の妹君［マリア・アナ、ドイツ名アンナ］との縁談を企てフランスとの同盟を破棄するのでは、と警戒していた。英仏二国間の友誼にのみ尽力していた私としては、為すべきことが多かった。［スペインの英国大使］ゴンドマル伯爵［ディエゴ・サルミエント・デ・アクニャ］はスペインからイギリスに渡り、そして午前十時頃、パリにいる私に会いに来た。軽く挨拶を済ませたあと、ゴンドマルが言うには、翌朝イギリスに向けて出立する予定で、都市を出るまで馬車で見送って欲しいという。それは出来ませんねと、遠慮せず陽気に断った。そのわけは、もし伯が強引に頼むとしたら、ローマ教皇の大使や皇帝の大使、それにババリア［バイエルン］大公の外交官などゴンドマルに箔をつける馬車はたくさんあり馬車に事欠くはずがなく、私がスペイン側に靡《なび》いたかの如く、フランス人に疑念を抱かせるのが狙いと見え透いていたから。ゴンドマルはその時、喜色満面に私の顔を見て誘った。これから食事でもしないかと。こう申し上げると失礼ですが、今は出来ません。スペイン王のような立派な君主にお仕えする大使閣下をもてなすのに、普通のやり方では申し開きが立ちません。ぜひとも分相応の大饗宴にしたく存じます。そう言って暮らし振りを見て貰うため、伯の供回りの者を厨房に案内させた。調理場には、いつもどおりに、三本の焼串には肉が上から下まで突き刺さり、大小様々な深鍋では肉が煮込まれ、窯ではたっぷりパイが焼かれ、調理台にはありとあらゆる種類の鳥肉がぎっしりと並べられ、平鍋にはフランス風にタルトが詰まっていた。このあと、別室に案内し、十二か十六皿のスイーツを披露した。これらすべてが通常の分量である。スペイン人はゴンドマルのもとに戻り、如何に立派な献立であるかを報告した。とはいえ、私は再びゴンドマルに釈明した。大兄のような方には身分不相応ではないかと思います。機会に恵まれましたら、さらに贅を尽くした酒席で歓待する所存ですと。私の口実に対し、ゴンドマルはすり寄り囁いた。貴殿を高く評価しています。ただ一杯食わせてやろうと思っただけです。貴殿はすでにお見通しのようでしたね。イギリス人というのは、どうも慇懃に策略を回避するのが不得意なようですが。以後、お見知り置き下さい。イギリスでは精一杯務めてご貴殿の職務をお助けいたしますと。ゴンドマルは有言実行の士であった。レノックス公とペンブルック伯が証人である。さらにゴンドマルが言うには、小生は大使に適任であると。イギリス人はほかの点では有能であるが、頼みごとを断ることに関しては、からっきし駄目だ。だが、私は見事にやって退けたという。

　ゴンドマル伯爵は海千山千の策士、それもイギリス国王を巧く説き伏せてスペインとの条約締結を進めさせたほどだ[76]。また、英皇太子にも、自ら縁談を成就させるためスペインに行く決意を固めさせた。その際、お忍びで旅立つか、あるいは公式訪問にするのか議論が重ねられた。結局、バッキンガム侯、侯爵の書記サー・フランシス・コッティントン、エンディミオン・ポーターそして侯爵付きの厩別当グライムズ氏を伴い、身をやつしてフランスからマドリードに向かうことになった。この五人は多少怖い思いをしてドーヴァーからブローニュ［＝シュル＝メール］へと渡り、早馬でパリに着き、サン＝ジャック街の旅籠に投宿した。宿に落ち着いてから、私に遣いを出したものか五人で相談したそうだ。話し合いの結果、否と決まった。そのわけは、あるひとりの人物の主張によると、私独りで私人の資格で来るなら、道中歩いて来なければならず、しかも私は面が割れており、誰かにあとを付けられ行き先が露呈し、私の到着とともに五人の顔ぶれも必然的に特定さてしまう、という。さらに、供回りを従え公務として来れば、私と落ち合う人物が皇太子とバッキンガム侯と知れ、その結果縁談が露見し、なりふり構わず隠密裡にことを運ぶ予定が、皇太子の身の安全さえ守れないおそれがあるという。しかしながら、皇太子は翌日フランスの宮廷やパリの都市を見物して回った。だれも皇太子の顔を知る者はいなかったが、ただひとりリネンの売り子だけは別で、かつてロンドンに行ったことがあり、彼が通り過ぎるのを見て、あれは確かイギリスの皇太子よと言ったが、道を遮ることもなく、敢えてあとを追うこともしなかった。さらに翌日、ご一行は早馬に乗り、スペインとの国境の町バイヨンヌまで旅を続けた。

第一報は、スコットランド人のアンドリューズと名乗る人物から舞い込んだ。その人物は、皇太子ご一行がスペインへ旅立つ前の晩、夜分遅くにやって来て詰め寄った、プリンスにお会いしたかと。どちらのプリンスのことでしょう、コンデ親王《プリンス》はまだイタリアにおられるはずだが、と返答した。イギリスの皇太子《プリンス》のことですよと言うが、俄に信じられなかった。皇太子殿下がフランスにご来訪中と何度も誓うので、ようやくそうかと思うようになった。彼は皇太子に付き添う役目を仰せつかったという。その間、イギリス国王陛下のためにも、できる限り安全に通行ができるように、私に手配して頂きたいと訴えた。このため翌朝早く寝床を離れ、急いで国務卿の筆頭ピュイジュー子爵［ピエール・ブリュラール］に接見を求めた。一時間待つように懇願された。まだ床に就いており、しかも国王に急を知らせる用事が控えているというのだ。目下の事案をすぐに終わらせてもらえるように、私の案件は一刻を争う一大事で枕元に立ちますよと脅した。これでようやくピュイジュー閣下も起き上がりガウンを羽織って、控えの間に入ってきた。最初の言葉は、貴殿の用件はよく存じておる。皇太子殿下は今朝スペインに向けて出立された、であった。さらに続けて、願いの筋は通行手形の即刻の交付だけにしてくれ、と仰せになった。フランス語で締め括って言うには、貴殿の嘆願は時宜にかなうよ、であった。鷹揚な申し出を先にされますと、陳情ができなくなりました。しかも、閣下は国務会議でも重鎮の外務卿であり、気高くもありお約束して頂いた件は速やかに遂行されること疑いありません。関札については、皇太子が尾行されず邪魔されず、騒がれず静かに旅を続けられることよりほかは望むべくもありません、と申し上げた。閣下が答えて言うには、皇太子殿下は通行を妨げられることはないが、旅の成り行きを見守るため跡をつけさせてもらうと。接見を賜った部屋から出るとすぐ、皇太子宛に急書を発し、可及的速やかにフランスを出国し、道中で宗教談議に花を咲かせぬようにお願いした。その理由として、皇太子のパリ滞在が露見したこと、フランスの外相より旅程を妨げられることはないと言質をとりつけましたが、それでも跡をつけられ疑念が生じた場合、身柄を拘束されるおそれがあると伝えた。我が皇太子はバイヨンヌの関で幾ばくか検問を受けたあと（現地の地方総督が後に詳しく語ってくれたところによると、どなたが皇太子かさっぱり判らなかったという）、マドリードまで旅を続け、その目的地に一行全員恙《つつが》なく到着した。イギリスの多くの貴族や廷臣たちは、皇太子殿下にお目通りを求めて、フランスを経由してスペインに渡った。その道すがらパリの役邸に立ち寄ってくれた。そういった方々にお願いして、パリ逗留中に殿下が遁隠《にげかく》れするように素通りされた心残りを、スペインにいる皇太子に伝えてもらった。胸中の無念を伝え聞いた殿下から、すべて直筆でしかも自署された、いわゆる直状を後に頂戴した。それで殿下の薄情さに対する胸の痞《つか》えがおりた。

フランスの王妃が嬉しそうに伝えてくれた情報から、ことの顚末は十分に承知しているが、皇太子がスペインの宮廷に到着されたあとに生じた騒動をここに挿入しようとは思わない。王妃の話のうち、とりわけ興味深いのは、妃殿下の妹君［花嫁候補マリア・アナ／アンナ］が皇太子の幸福を願ったということである。また、妃殿下を通じて、スペインからローマ教皇に、教皇聖下からスペインに送られた親書の内容を窺い知ることができた。その趣旨については、妃殿下の許可を得て、いずれ皇太子に伝えたい。この縁談話が及ぼす影響に関して、実に様々な憶測が飛び交った。サヴォイア大公が言うには、皇太子の花嫁捜しは、遠い昔、遍歴の騎士が魔女の呪いを解くため世界各地を巡った戯れの修行である。というのも、大公の所信では、スペイン王［フェリペ四世］はいずれ王女［で妹のマリア・アナ］を皇室［神聖ローマ皇帝］に嫁がせる意向であり、英国との縁談を斟酌するのは、ただ英国王にほかの国、特にフランスと交渉させないためであるという[77]。とはいえ、パリで得た情報によると、たしかに信頼できる筋から得たもので、あの頃スペイン王は本気であったと確信を以て言える。けれど、如何にして破談になったのか、その経緯をここでは明かさない。自伝の中で挿話として語るには、閉口当惑の機密事項である。

　新たな提議が為され、さらにほかからも助言を得て、皇太子はスペインの宮廷に別れを告げた。スペインの港セント・アンドルーズ［サン・アンドレス］で供の者と船に乗り、一六二三年十月の始め頃ポーツマス［イギリス南部の港］に無事到着した。その報せはすぐフランスにもたらされ、ギーズ公が訪問して言うには、スペイン人は思ったほど有能ではないらしい。それというのも、当地で祝言を挙げないばかりか、他国との縁組を阻止することを何もしなかったから。答えて言った、皇太子は秘密の計略に乗せられないよう巧妙に手を打たれました。暴力沙汰に関しても、スペイン人は敢えて手出しできないほどでしたと。[78]

フランスで改革派へ弾圧や迫害が続く中、国王の聴罪司祭たる［ガスパル・ド・］セギーラン神父が、汝の敵を赦しなさい［マタイ五・四四］という聖句について、御前で説教をした。持論を展開する中で為になる話も多かったが、赦しの内容を明示するに当たり開陳した最後の言葉が引っかかった。つまり、敵を赦すべきだが、神の敵、例えば異端者、特に改革派教会は赦してはならない。フランス国王はキリスト教界で最も偉大な王として、奴らを草の根を分けて捜し、抹殺すべきであると。[79]この箇所は私に向けて発せられたもので、母后殿下［マリー・ド・メディシス］にご相談するのがよいと思った。望む時はいつでも、取り次ぎを頼まずとも私室に伺える許可を得ていた。通常は説教壇で扱う問題に干渉する気はないのですが、陛下の御心の内を司るセギーラン師が改革派を痛烈に非難中傷されまして、猊下の信条が及ぼす影響はフランスの領内にとどまらず、やがてその力は海を越え英国の領土にまで至ります。猊下のお考えは極めて不合理で、いやむしろ御前様もよくご存知のはずですが、我が国の皇太子殿下とご息女のお姫様《プリンセス》［ルイ十三世の妹アンリエット・マリー／ヘンリエッタ・マライア］との縁談が持ち上がった矢先であり、その様なわけで猊下に今後一切口を噤むように、畏れながらお願い申しあげる次第です。また、同様にセギーラン師や同じ考えを抱いている方々に、分別を以て信条を公言しないように、どうか諫言なさって下さいと。母后殿下は私の進言に作り笑いをして耳を傾けていたが、とんだ女狐であった。つまり、セギーラン師に讒言の中身と併せて讒訴者の名を漏らしたのだ。そのため猊下の機嫌をひどく損なうことになり、刺客として同郷のプロヴァンス出身のガエヤック氏をたて、やんわりと脅迫してきた。だれが御前様に悪口雑言したのか、その張本人をよく知っているぞ。その誹謗内容も、とうに承知だ。よく憶えておけ、貴様を世の四隅までつけ狙い、きっと立身出世を阻んでやると。ガエヤックに言伝をお願いした。フランス全土を捜したって、そんな脅し文句を言う奴は、女子供と破戒僧だけだと。

このあとすぐ、母后殿下のもとに伺い、セギーラン師について言ったことは善意からであること、尻尾を掴んだわけではありませんが、小生の進言は猊下に筒抜けであり、侮辱的な言葉を投げかけられたことも伝えた。態度を一変して今度は笑みをたたえながら付け加えた。セギーラン師に取り憑かれました、困ったことに黒幕は女よりも執念深いのですと。母后様はこの言葉に少しギョッとして、妾も女ですけれど、それでもそうおっしゃるのと訊かれた。穏やかな口調で、女性としてではなく、御前様の位階に敬意を表して申し上げております、とお答えして暇乞いをした。セギーラン師が私を脅そうとして行なったことは憶えていない。もし私に世俗的な出世栄達の野心があれば、奴の脅迫を忘れることはなかったと思う。だが、常に書物を愛し、御用繁多な政界より閑暇な生活を好み、我が名を腐すのに汲々とする輩の強大な権力は、痛くも痒くもなかった。

最初の著作『真理について――啓示、蓋然性、可能性そして誤謬を弁別して』は、イギリスで書き始め、当地パリで本体を仕上げ、このころ脱稿した。お歴々の方々を訪問し交渉を重ねる公務の傍ら、寸暇を惜しんで著書の完成に努めた。筆を擱《お》くとすぐ、ヒューゴ／フーゴ・グロティウスに知らせた。偉大な学者で、低地帯での投獄を逃れ、パリに来ていた。私と、当代随一の学者のひとり［ダニエル・］ティレヌス氏が喜んで迎え入れた。ふたりの先哲は、ざっと目を通し、憚りながら讃辞を惜しみなく贈ってくれた。そのあとグロティウス氏が、ぜひ出版して公表するように勧めてくれた。しかしながら、著書全体の構想はこれまで書かれた如何なるものとも極めて異なっており、真理を見出す方法について著された書物すべての権威を否定し、よって独自の方法の正当性を固持するか、もしくは著書の論旨全体の件で広く世間の非難に身を晒すか、そのどちらか一方しかないと思った。正直に告白すると、前述の碩学ふたりが高く評価してくれたことは少なからず励みになるが、数多くの異議申し立てが待ち構えているのは必定で、しばらくの間出版を差し控えた方がよかろうとも考えた。ある晴れた夏の日、部屋の中でこのように意を決しかね悶々としていた。南に開いた窓、蒼穹には輝く日輪、そよとの風もなかった。自著『真理について』を手に取り、跪いて

祈る気持ちで伺いを立てた。(80)

汝、久遠の神よ。降り注ぐ日の光を創り、胸中に天啓を授ける者よ。遠大無窮の善なる汝よ、罪深き我に願い事を許し給へ。拙著『真理について』を公刊すべきか思案に暮れるなり。汝の栄光がさらに輝きを増すのであれば、雲居よりしるしを下賜されんことを懇願する。汝の嘉し給う証験《あかし》なければ、上梓を差し控えん。

祈願し終えるとその刹那、天上より音吐朗朗だが優しい声がした。今生のものとも思えず、鼓舞・激励された。待望のしるしを得て、満願と解釈した。このような次第で出版という本懐を遂げる意を固めた。如何に奇異に思えたとしても、これは真実であり、まやかしに騙されたわけではない、と天地神明にかけて誓う。なぜかというと、天来の声をはっきりと聞いただけではなく、一点の曇りなき未曾有の青天に、お告げの出所を確かに見たように思えるから。

パリで自費出版するため、ようやく原稿を印刷所に廻した。とりわけ、相応しいと思える読者諸賢にのみご笑覧いただければよかった。だがのちに、イギリスでも重版を出した。ヨーロッパの名だたる学者に配って散逸したばかりか、拙著を一瞥したいという懇請がキリスト教を奉じる近隣諸国は言うに及ばず遠方の国々からも届いたからだ。拙著を手に入れるためなら、返礼として望むものは何でも差し上げると約束されたが、この書にはそれ以上のものが潤沢に含まれている。(81)

フランスとの縁談は折衝が継続して行なわれ、まとまる時機が到来して、カーライル伯［既出、ジェイムズ・ヘイ］とホランド伯［ヘンリー・リッチ、第二代ウォリック伯ロバート・リッチの弟］が特命大使としてフランスに派遣された。(82)［自伝、これにて唐突に終わる］

訳注

（1）本自伝の著者と同名の従兄弟サー・エドワード・ハーバート（一五九一―一六五七）は、法学院イナー・テンプル出身の法律家。一六四一年に法務長官に就任。翌四二年に庶民院より弾劾される。トマス・ホッブズ『ビヒモス』山田園子訳（岩波文庫、二〇一四年）、一六五―六六頁、三五一頁。

（2）ヘンリー八世史とは、『ヘンリー八世の生涯と治世』(*The Life and Reign of King Henry the Eighth*,1649) のこと。See *Autobiography of Edward Lord Herbert of Cherbury; The History of England under Henry VIII*, Kessinger rpt. edn. (1719; rpt. London: Alexander Murray, 1870), p. 557. エドワード・ハーバートの歴史家としての側面を示すこの浩瀚な書物は、前の世代を代表する哲学者フランシス・ベイコン（ヘンリー七世史、一六二二年）へのオマージュであるとともに、エドワードが外交問題の不祥事で落ち目となった名誉を挽回する目的でチャールズ一世に献上された。数名の補佐を雇い、ヘンリー八世時代に蓄積された膨大な資料を収集・整理し、十年の歳月をかけ仕上げた。

（3）アマディス・デ・ガウラと日輪の騎士とは、ドン・キホーテが耽読した騎士道物語の主人公。ガルシ・ロドリゲス・デ・モンタルボ『アマディス・デ・ガウラ』岩根圀和訳、全二冊（彩流社、二〇一九年）、セルバンテス『ドン・キホーテ（前篇）』牛島信明訳、全三冊（岩波文庫、二〇〇一年）、（一）四六頁参照。

（4）一説には木製。woollen / wooden の誤りか。J.M. Shuttleworth (ed.), *The Life of Lord Herbert of Cherbury* (London: Oxford University Press, 1976), p. 134n. ドイツ・ルネサンスを代表する画家デューラーの旅日記に、杉材の念珠が何度か登場する。『ネーデルラント旅日記』前川誠郎訳（岩波文庫、二〇〇七年）九九頁、一一四頁など。

（5）十七世紀イギリスの形而上派詩人の領袖でセントポール大聖堂の首席説教師であったジョン・ダンは、エドワードの母マグダレン・ハーバート（夫の死後、再婚してレディ・ダンヴァーズ）の死を悼み、涙を流しながらに葬送の説教を行なったという。ダンが遺した『説教集』で、ハーバートの慈母を善きサマリア人として描く。「ダンヴァーズ夫人が施し物をしたのは、祝祭日とか行列祈禱の日というわけではなく、常に善き行ないをしながら地球をめぐる、神の真の施し物分配吏である太陽そして月のように、そしてまた、神から日々の糧を受け取る者のように、ダンヴァーズ夫人は毎日、他人に施し分け与えていた。その役目を果たすとき、厳しく問いただせば怠け者とか浮浪者の物乞いとか呼ばれる者たちに、決して顔を背けることがなかったものの、まずは額に汗して働きはするがその労働によって困窮を克服できない者、あるいは、生活必需品を手に入れることができない者に、絶えず目を向けた。そして彼らが流す額の汗ゆえに、あるものすべて、もし手もとになければ調達できるものはなんでも、自らの食卓に用意したワインや油すら与えるのであった。」(*The Sermons of John Donne*, ed. Evelyn M. Simpsons and George R. Potter［Berkeley: University of California Press, 1956］, VIII, 89) 山根正弘「田舎牧師とその妻　ベマトンのジョージ・ハーバートと天使」、『英文学と結婚』(彩流社、二〇〇四年) 所収、一四七頁参照。また、我が国では『釣魚大全』で有名なアイザック・ウォルトンは、その伝記集のひとつ『ジョージ・ハーバート氏の生涯』で、一六二七年七月一日にロンドンのチェルシー教会にて執り行なわれた、上記の葬送の説教に立ち会ったと記している。Izaak Walton, *The Lives of John Donne, Sir Henry Wotton, Richard Hooker, George Herbert and Robert Sanderson*, ed. George Saintsbury (London: Oxford University Press, 1927), p. 276. なお、ウォルトンの伝記集の特徴については、曽村充利『釣り師と文学　イギリス保守主義の源流　アイザック・ウォルトン研究』増補新版（法政大学出版局、二〇一一年）を参照。

（6）十七世紀イギリスの宗教詩人ジョージ・ハーバートは、晩年の約三年間、ソールズベリー近郊の小邑ベマトンに教区牧師として赴任。そこでの経験に基づく散文の作品で、粉骨砕身して教区民に尽くす牧師の姿を描く。ジョージ・ハーバート『田舎牧師　その人物像と信仰生活の規範』山根正弘訳（朝日出版社、二〇一八年）参照。さらに、前注で示したアイザック・ウォルトンによる聖人伝が、詩人にして牧師のジョージ・ハーバートに後光を添える形となった。ウォルトンが描く人物像から、ハーバートといえば、心穏やかな聖人という印象を受けるが、決してそうではなく、兄エドワードが指摘しているように、心に熾《おき》を抱く詩人であった。「首輪《カラー》」(“The Collar”) と題する詩の冒頭では、「ぼくはテーブルを叩いて、叫んだ、もう沢山／ぼくは出ていく。／なんだって？　絶えず溜息ついてやつれていくのが　この身の運命（さだめ）か」と、癇癪 (choler) を爆発させる。また、「答え」では、「私を熱心、熱血、進取の気性に富む質と思いはするが、／遂行の段では　怠慢にして非力だと考える　皆のものへ」と、血の気の多さを窺わせる。*The Works of George Herbert*, ed. F.E. Hutchinson (1941; corr. rpt. Oxford: Clarendon Press, 1945), p. 153, p. 169／鬼塚敬一訳『ジョージ・ハーバート詩集』（南雲堂、一九八六年）、三〇八頁、三四八頁。Cf., Allan Pritchard, *English Biography in the Seventeenth Century: A Critical Survey* (Toronto: University of Toronto Press, 2005), p. 85.

（7）我々はどこから来てどこへ行くのか、この哲学的な探究はペトラルカに代表されるように、ルネサンス期に再興した普遍的な思索であった。近藤恒一訳『わが秘密』（岩波文庫、一九九六年）、十五頁、『無知について』（岩波文庫、二〇一〇年）、三四頁参照。その出所は、ヨハネによる福音書の八章十四節であろう。「自分がどこから来たのか、そしてどこへ行くのか、わたしは知っているからだ。しかし、あなたがたは、私がどこから来てどこへ行くのか、知らない」（『聖書　聖書協会共同訳』日本聖書協会、二〇一八年）、（新）一七七頁。以下、聖書の邦訳の引用はこの版による。

（8）本訳書の底本としたシドニー・リー編では、ラテン語の韻文が二編ここに挿入される。だが、異本のシャトルワース版にならい、前編「（人間の）生について（哲学的探究）」のみを訳出し、後編「推測しようとするところの天上の生について」は割愛した。さらに韻文形式での邦訳はあたわず、散文訳とした。英訳としては、上記シャトルワース版の後注に収録された散文訳と、十九世紀アメリカの女流作家マーガレット・フラーによる散文訳を参照した。Shuttleworth, *op. cit.*, p. 136n; Margaret Fuller, "The Two Herberts," in *Art, Literature, and the Drama*, Michigan Historical Reprint Series (1869; rpt. Ann Arbor: University of Michigan Library, n.d.), pp. 36-39.

（9）十八世紀イギリスのロレンス・スターンの奇抜な小説では、冒頭で「種」よりさらに遡って、両親が仕込む段階から話が始まるという諧謔となっている。朱牟田夏雄訳『トリストラム・シャンディ』全三冊（岩波文庫、一九八三年）、特に上巻参照。少し余談になるが、十六世紀イタリアの医師ジェローラモ・カルダーノの自伝によると、彼の生みの母親が薬を使って中絶しようとしたが、失敗してこの世に出てきたという。清瀬卓・澤井繁男訳『カルダーノ自伝』（平凡社ライブラリー、一九九五年）、十四頁。カルダーノの自伝は、彼の死後六十七年を経て、つまり一六四三年にパリで出版されたが、ハーバート卿が自伝を書き始めた時期と符合する。Paul Delany, *British Autography in the 17th Century* (London: Routledge & Kegan Paul, 1969), p. 7, n 4.

（10）キリスト教でいう、いわゆる三元徳に喜悦を付加し、古代ギリシアの四枢要徳になぞらえたのか。コリントの信徒への手紙（一）によると、「それゆえ、信仰と、希望と、愛、この三つは、いつまでも残ります。その中で最も大いなるものは、愛です」（十三・十三）。教父アウグスティヌスは、その著『エンキリディオン』（便覧）で、ある友人の問いに答える形で「何を信じ、何を希望し、何を愛すべきか」を論じ、信・望・愛を信条とする。赤木善光訳『神学論集』アウグスティヌス著作集4（教文館、一九九五年）、一九六―九七頁。

(11)「幸運は勇者に味方する」(*Audaces fortuna juvat* / Fortune favours the brave) 古代ギリシア・ローマの俚諺的表現。*Audentes fortuna juvat* など類例が多い。ウェルギリウス「敢行すれば天助あり」『アエネアス』泉井久之助訳、全二冊(岩波文庫、一九八二年)、下巻、一七六頁、「幸運の女神は強者を助ける」柳沼重剛編『ギリシア・ローマ名言集』(岩波文庫、二〇〇三年)、一一六頁参照。また、ルネサンス期には、エラスムスがさらなる変奏「神々は自らを助ける者を助ける」(*Dii facientes adjiuvant*) を取り上げるが、勤勉と怠惰を対比して前者を奨励するためであり、神の恩恵と自由意志の議論を踏まえて解釈していないのは、残念。金子晴勇編訳『格言選集』(知泉書館、二〇一五年) 六七—六八頁/ *The Adages of Erasmus*, selected by William Barker (Toronto, University of Toronto Press, 2001), p. 96. さらにセルバンテスの『ドン・キホーテ』の場合、前篇後篇を通じて俚諺や格言のオンパレードだが、同種の俚諺がある。「幸運は勇者を助けるものなれば」『ドン・キホーテ(前篇)』前掲、(一)二六頁、「天はみずから助くる者を助く」『新訳 ドン・キホーテ(後篇)』(岩波書店、一九九九年)、五九〇頁。

(12)ハーバートの父親は正式な遺言証書を遺さず亡くなり、しかも長男のエドワードは未成年であった。ハーバート家の土地・財産は後見裁判所に委ねられた後、通常の手順では、競売にかけられるか、王室に没収されるかであった。しかし、後にジョン・ダンの義父となるサー・ジョージ・モアが後見人となり、彼の助力で事なきを得たという。Sidney Lee (ed.), *The Autobiography of Edward, Lord Herbert of Cherbury*, 2nd revd. edn. (London: Routledge, 1906), p. 21n; Shuttleworth, *op. cit.*, pp. x-xi; Christine Jackson, *Courtier, Scholar, and Man of the Sword* (Oxford: Oxford University Press, 2021), p. 27.

(13) 結婚相手のメアリー・ハーバートは独身だったが、無垢の聖女ということもなかったようだ。やはり、同族のフィリップ・ハーバート（後の第四代ペンブルック伯）に求婚され、のぼせ上がり承諾したかに見えたが、熱が冷めて翻意したという。Tresham Lever, *The Herberts of Wilton* (London: John Murray, 1967), p. 62.

(14) ウォルトンのハーバート伝によると、子煩悩な母親マグダレン・ハーバートは新婚の長男夫婦らと、オクスフォードには四年間も同居したという。Walton, *op. cit.*, p. 264.

(15) イギリスでは、ハーバート卿が人生の大半を過ごした一五六〇年代から一六四〇年代まで、教育史上大きな変革がもたらされた。貴族やジェントリー階級の子弟がこぞって大学に入学するようになり、教育改革が声高に要求されたからだ。ローレンス・ストーン『エリートの攻防イギリス教育革命史』佐田玄治訳（御茶の水書房、一九八五年）参照。また、ハーバート卿が自伝を書いたころには、ジョン・ミルトン『教育論』（一六四四年）やウィリアム・ペティ

『W・Pによる学問の進歩のためのサミュエル・ハートリブへの助言』（一六四七年）、それにジョン・デュリー『学校改革論』（一六五〇年）などが刊行された。ミルトンのエリート教育論およびハートリブ・サークルのキリスト教的教育論については、以下の論考を参照。大倉正雄「初期ウィリアム・ペティの社会・経済構想（一）」『拓殖大学論集 政治・経済・法律』第十五巻第二号（二〇一三年）所載、二三一―五六頁。

（16）ハーバート一族の遺伝的な病を治す薬草がラテン語で列挙される。ただし学名ではなく、薬草名の特定は困難。ここでは、当時の本草誌 William Turner, *A New Herbal*, ed. George T.L. Chapman *et al.*, 2 vols. (1551, 1562 and 1568; rpt. Cambridge, Cambridge University Press, 1995) と John Gerard, *The Herbal or General History of Plants*, The Complete 1633 Edition as revised and enlarged by Thomas Johnson (1597; rpt. New York: Dover, 1975) にならい、併記された英語名から和名を付けた。以下、和名←英名（当時と現代で違う場合は併記）←ラテン名(ハーバート卿のと本草誌)←学名(ターナー版の編者による同定)、および典拠の順に挙げる。

・ムラサキ　← gromell / gromwell ← *milium solis* ← *Lithosperum offcinale*. Turner, II, pp. 429-31; Gerard, pp. 609-10.

・ユキノシタ ← stone-break ← *saxifragia* / *saxifrage* ← *Silaum silaus*. Turner, II, pp. 760-61;

Gerard, pp. 567; pp. 603-05.

・ニガグサ　← germander ← *chamaedrys* ← *Ajuga chamaepitys*. Turner, I, p. 270; II, pp. 562; Gerard, pp. 656-57.

・キランソウ ← ground pine ← *chemaepitys* ← *Teucrium chamaetrys* or *scordium*. Turner, I, pp. 271-72; Gerard, pp. 524-27.

ウィリアム・ターナーは、イギリス植物学の父と称される。一九九五年のケンブリッジ大学出版局による現代版では、学名の特定がなされていて有益である。一方、一五九七年に出版されたジェラードの本草誌は、出版当時人気を博したものの、オランダのドドエンズの翻案であるとの非難や誤植が散在するため、ロンドン薬種商組合の一員トマス・ジョンソンによって一六三三年に改訂版が出される。ジョンソンは一六三九年の夏、組合員を連れ立ちウェールズに植物採取に出かけた折、モントゴメリー城でハーバート卿から歓待を受けた。*Thomas Johnson: Botanical Journeys in Kent & Hampstead*, ed. J.S.L. Gilmour (Pitsburg, Pennsylvania: Hunt Botanical Library, 1972), pp. 1-2; Lee, *op. cit.*, p. 31, n3; Margaret Bottrall, *Every man a Phoenix: Studies in Seventeenth-Century Autobiography* (London: John Murray, 1958), p. 72.

なお、ハーバート卿の薬効に関する知識は、主に当時流布していた植物誌や本草誌から得ており、その中に古代ギリシア・ローマのテオプラストスやディオスコリデスが挙げる薬草や彼らが説く薬効などが含まれており、古典の原典に遡って調べることはしなかった。

(17) 目的や用途に違いがあるが、ハーバート卿より五十歳年下の哲学者で医者のジョン・ロックも「男の子の足を毎日冷水で洗う」ことを奨めた。『教育に関する考察』阿部知文訳(岩波文庫、一九九二年)、十八頁。

(18) 「頭に起因する」と訳した原語は、cephaniques で、オクスフォード英語辞典 *Oxford English Dictionary* (*OED*) には項目としてとり挙げられていない。cephalic (E), cephalique (F) / cephalicus (L) の誤りであろう。本書でひきつけと訳した原語は、epilepsy と falling sickness である。ウィリアム・シェイクスピアの『オセロー』(四幕一場五一—五二行)、イアーゴの台詞、「閣下が倒れてしまったんです、てんかんを起こして二度目の発作ですよ。昨日も一度あったんです。」菅泰男訳(岩波文庫、一九八二年)、一三八頁参照。

(19) J・A・コメニウス『世界図絵』井ノ口淳三訳(平凡社ライブラリー、一九九五年)参照。全ページ挿絵入りの教科書『世界図絵』が出版されたのは、一六五八年のことである。なお、コメニウスは、一六四一年にイギリス議会、特にサミュエル・ハートリブに招かれ、公共の教育制度改革を委ねられたが、翌年から始まった政治的混乱によって阻まれた。ハーバート卿とコメニウスとの邂逅を示唆する研究者もいる。John Butler, *Lord Herbert of Chirbury (1582-1648): An Intellectual Biography* (Lewiston, New York: Edwin Mellen, 1990), p. 517, n.1.

(20) 「驕り昂った知識」(puffed knowledge) フランシス・ベイコンによると、神学者による学問批判のひとつは、知識に対する過度の欲望が人間の堕落を招いたことであるという。続けて、コリントの信徒への手紙(一)(八・一)を引用しながら、「知識は人間のなかに入ると、人間をふくれさせる」(“it [over-much knowledge] entereth into a man it makes him swell, - Scientia inflat [knowledge puffeth up] ...”)といい、神学者に対する反駁をお膳立てする。ベーコン『学問の進歩』服部英次郎・多田英次訳(岩波文庫、一九八三年)、十八頁/James Spedding, Robert Leslie Ellis and Douglas Denon Heath (edd.), *The Works of Francis Bacon*, 14 vols. (1857-74; rpt. Cambridge: Cambridge University Press, 2011), III, 264.

(21) フランシス・ベイコン曰く、「デンマーク人[デーン人]セウェリヌスの筆によって雄弁に調和よく語られたテオフラストゥス・パラケルススの哲学、セレシウスとその弟子ドニウスとの、牧歌的哲学として良識に富んでいるが、たいして深みのない哲学(後略)。」(同書、一八三頁/*ibid.*, III, 366)

(22) 弟ジョージ・ハーバートも、パラケルスス的親和力を詩の形で表現する。「人間には、彼も気づかぬ程の大勢の僕たちが、／仕えている。彼は小径を歩くたび／踏みつける、病で蒼白になったとき彼を救って／くれるもの［薬草］を」（「人間」最後から二番目の連）。『ジョージ・ハーバート詩集』前掲、一五七頁／Hutchinson, *op. cit.*, p. 92.

（23）フランシス・ベイコンの随筆「無神論について」の名言を踏まえているのかも知れない。「なるほど、哲学をすこしばかりかじると、人間の心は無神論に傾くが、しかし、哲学を深く究めると、再び宗教に戻る。」（『ベーコン随想集』渡辺義雄訳［岩波文庫、一九八三年］所収、七八頁）なお、十八世紀イギリスの哲学者デイヴィット・ヒュームは、このベイコンの名言を引用するとともに、古代ローマの医師ガレノスが人体の構造を調べ上げた結果、不信心になるどころか神の技術と智慧を再発見した逸話を挙げる。ヒューム『自然宗教をめぐる対話』犬塚元訳（岩波文庫、二〇二〇年）、三六頁、一八八―九〇頁。

（24）日本には、蒔絵などに金箔や銀箔を施し値打ちを上げる、いわゆる「箔を付ける」という慣用句がある。西洋の場合、宝石本来の輝きを一層引き立たせる、つまり価値を高めるという点では同じだが、金属を打ち延ばしたもの、つまり箔・フォイル（foil）を宝石の下に敷く点が違う。弟ジョージの詩「箔」（五―六行）では、引き立て役として使われる。「神は、綺羅星を美徳の引き立て役に、／悲痛を 罪の引き立て役に なされ給うた。」（『ジョージ・ハーバート詩集』前掲、三六五頁／Hutchinson, *op. cit.*, p. 176）シェイクスピアの『ハムレット』（五幕二場二五〇―五二行）では、フェンシング用の細身の剣（foil）と引き立て役の箔とが、地口として使用される。シェイクスピア『ハムレット』野島秀勝訳（岩波文庫、二〇〇二年）三一〇頁／Shakespeare, *Hamlet*, ed. Harold Jenkins (London: Methuen, 1982), p. 409. また、ペトラルカの散文にも似た表現がある。「わたしたちは友人に、すこしばかりの果物やわずかばかりな食べ物を贈ろうとするとき、それを銀の皿に入れたり、白い布でおおったりします。むろん贈り物は量が増えるわけではないし、より良いものになるわけでもありませんが、受けとる人にとってはいっそう快いものになり、贈る人にとってはいっそう心のこもったものになります。」（『無知について』前掲、十六頁）旧約の箴言「銀細工に付けられた金のりんごは／時宜に適って語られる言葉」（二五・十一）参照。

(25) 底本としたシドニー・リー編の自叙伝には、宗教の五箇条に関する記述はない。異本のシャトルワース版から転載した。宗教の五箇条は、このほか『真理について』（ラテン語、一六二四年、仏訳、一六三九年）や『異教徒の宗教について』（ラテン語、一六六三年）や『平信徒の宗教について』（ラテン語、一六四五年、前出『真理について』改訂版に合冊）それに『チューターとその教え子との会話』（英語、一七六八年）に登場し、微妙な言葉づかいの差はあれ、エドワード・ハーバートの哲学・神学の出発点である。Edward Herbert, *De Veritate*, trans. Meyrick H. Carre (1936; rpt. London: Thoemms, 1992), pp. 293-307; *Pagan Religion: A Translation of De religion gentilium*, trans. and ed. John Anthony Butler (Ottawa, Canada: Dovehouse, 1996), p. 52, p. 304; *De Religione Laici*, trans. and ed. Harold R. Hutcheson (New Haven, Connecticut: Yale University Press, 1944), pp. 128-29; *A Dialogue between a Tutor and his Pupil* (1768; rpt. Bristol: Thoemmes Press, 1993), p. 7. イギリス経験論の父ジョン・ロックは、この世に生を享けたとき人の心は何も刻印されていない白紙（タブラ・ラサ）だとする立場から、ハーバート卿の説く宗教の五つの共通概念（思念）が生得の原理として人間に本来備わっているかを吟味し、批判する。大槻春彦訳『人間知性論（一）』全四冊（岩波文庫、一九七八年）、八九—一〇〇頁。だが、二十世紀イギリスの学者R・ベドフォードは、ロックによる批判を弁護する。Cf., R.D. Bedford, *The Defence of Truth: Herbert of Cherbury and the Seventeenth Century* (Manchester: Manchester University Press, 1979), pp. 78-80.

(26) ジョン・ロックも、子供の訓育に必要な運動として、剣術と馬術とを挙げる。やはり、馬術といっても軍馬（great horse *i.e.* steed）に乗ることであり、乗馬用や競馬用ではない。但し、ロックは馬術について、娯楽以上に没頭すべき鍛錬であるか疑問を呈している。ダンスについては、子供たちに相応しい自信と振る舞いを与えるだけではなく、男らしい考え方と態度とを与えるという。『教育に関する考察』前掲、八四頁、三一〇頁、三一二―一三頁。

（27）サロモン・ド・ラブルー（Salomon de la Broue [Labroue], 1552 or 1530-c.1610）は、『フランス式馬術』（*Cavalerie francaise*）の著者。ヨーロッパにおける馬術ルネサンスは、十六世紀にローマとナポリで始まる。ナポリの貴族グリゾーネ（Federigo Grisone）が、古代ギリシアのクセノポンによる馬術書を基に、調教や馬術を教える学校を設立。その一番弟子が、ピニャテルリ（Giovanni Pignatelli）。ピニャテルリの運営する馬術学校に、フランスからラブルーが遊学する。グリゾーネの推奨する調教の仕方は、クセノポンの説く「飴と鞭」の内、どちらかと言えば、力による馬の制圧である。Xenophon, VII, *Scripta Minora*, trans. E.C. Marchant (London: William Heinemann, 1968)、荒木雄豪編『クセノポーンの馬術』田中秀央・吉田一次訳（恒星社厚生閣、一九九五年）、John Astley, *The Art of Riding* (1584; rpt. Amsterdam: Theatrum Orbis Terrarum, 1968)、木下順二『ぜんぶ馬の話』（文春文庫、一九九一年）、およびエティエンヌ・ソレル『乗馬の歴史 起源と馬術論の変遷』吉川昌造・鎌田博夫訳（恒星社厚生閣、二〇〇五年）参照。

（28）アントワーヌ・ド・プリュヴィネル（Antoine de Pluvinel, 1552 or 1555-1620）は、ラブルー

と同様、ピニャテルリの学校に学ぶものの、彼の調教の特徴は、「飴」に重点を置き、騎手の思いを如何に優しく馬に伝え従わせるかにあり、グリゾーネの系譜とは対照的。プリュヴィネルは、フランス国王ルイ十三世の師傅のひとりであったが、馬術書（問答形式の指南書）を著す。『国王の馬術』(*The Maneige Royal*, trans. Hilda Nelson [1623: rpt. London: J A Allen, 1989]) 著名な版画師を父に持つ同名のクリスパン・ド・パ (Crispan de Pas) による挿絵が、調教の様子とエアの理解に役立つ。また、『国王の馬術』（現代英訳）に付された訳者ヒルダ・ネルソンによるエアの注解も、諸跳躍の実相を知る上で有益である。ハーバート卿の自伝で後に登場するメノンことムヌー・ド・シャルニゼ (Menou de Charnizay) は、プリュヴィネルの友人で、『国王の馬術』の改訂新版『帝王学』(*L'Instruction du Roy*, 1625) の編者である。

(29) 紀元前五五年にユリウス・カエサル率いるローマ軍がブリテン島に侵攻して以来、水練は軍役に役立つ技法、例えば、武器や兵器を携えて川を渡る、あるいは難破したとき岸までたどり着く実務的な技法として重用されてきた。近代初期になると、自他ともに救命に役立つとともに、健康増進とリクリエーションの効用がとり沙汰されるようになる。Nicholas Orme, *Early British Swimming 55 BC-AD 1719: With the First Swimming Treatise in English, 1595* (Exeter: University of Exeter Press, 2003). ジョン・ロックも、男の子に水泳を勧めるが、その目的は、人命救助と健康増進である。『教育に関する考察』前掲、二三頁。

（30） Stefano Guazzo, *The Civile Conversation*, English translation (1581 and 1586); Giovanni Della Casa, *Galateo* (1558). 池田廉訳『ガラテーオ』池上俊一監修『原典 イタリア・ルネサンス 人文主義』（名古屋大学出版会、二〇一〇年）所収、八五五―九二一頁。自伝のこの箇所は、ハーバート卿の弟で詩人兼牧師ジョージ・ハーバートの『田舎牧師』とイタリアの上記礼儀作法書との関連を解明する上で、手掛かりのひとつである。Kristine A. Wolberg, "*All Possible Art*": *George Herbert's The Country Parson* (Madison: Fairleigh Dickinson University Press, 2008), p. 90. Cf., Michael C. Schoenfeldt, *Prayer and Power: George Herbert and Renaissance Courtship* (Chicago: University of Chicago Press, 1991), pp. 63-64, 202-03; 曽村充利「聖なる実用書ジョージ・ハーバートの『田舎牧師』：教区牧師マニュアルに見られる via media」*The Hosei Journal of Global and Interdisciplinary Studies*, 6 (2020): 62-63. ちなみに、前出『トリストラム・シャンディ』で、父親が息子のトリストラムに宛てて教育方針を書く段がある。計画がなかなか進まず頓挫しそうになると、父親がその言い訳として『ガラテーオ』の作者でベネヴェントの大司教デッラ・カーサを引き合に出して、自嘲気味に述べる。大司教様は、生涯の内ほとんど四十年を費やし（その年数自体も誤解に基づくが）たった一冊、しかもさほど分厚くない本を刊行したと。朱牟田訳、中巻、一九三―九六頁。デッラ・カーサは、また若いころ、修辞の習作を草した。池田廉訳『妻を持つべきか 風雅な妻帯論』（東京図書出版会、二〇一一年）。

（31）ハーバートの死後出版『チューターとその教え子との会話』（一七六八年）のことであろう。Bottrall, *op. cit*., p. 63.

（32）ハーバートが自伝でエセックスの謀叛につて口を閉ざして語らない理由は、父方ではペンブルック伯爵家、母方ではブロムリー家など親戚筋が陰で係っていたことによるらしい。第二代エセックス伯は、一六〇一年二月二十五日、大逆罪で斬首された。なお、当時のものではないが、二十世紀イギリスの伝記作家リットン・ストレイチーによる『エリザベスとエセックス 王冠と恋』福田逸訳（中公文庫、一九九九年）参照。

（33）件の口癖と訳した原語は、usual oath で、この場合、間投詞で驚きを表す。編者シドニー・リーは、God's death: タマゲタではないかと推測する。Lee, *op. cit*., p. 44n; Jackson, *op. cit*., p. 36. あるいは、God's wounds: アラマアかも知れぬ。ハーバート卿より二十歳ほど年上の廷臣ロバート・ケアリー（初代モンマス伯）は、エリザベス女王崩御に立ち会った際、女王の口癖（アラマア）を耳にしたという。Donald A. Stauffer, *English Biography before 1700* (Cambridge, Massachusetts: Harvard University Press, 1930), p. 181.

（34）自伝における自惚れ vanity の賛美。「人生の他の様々な楽しみのひとつとして、自惚れを与えてくださった神に感謝しても、道理に合わぬ訳ではあるまい」『フランクリン自伝』松本慎一・西川正身共訳（岩波文庫、一九九〇年）、九頁参照。

（35）モントゴメリー城は、ハーバート卿の祖父（サー・エドワード・ハーバート）の時代（一五五三年）から居城であったが、一六〇七年に国王ジェイムズの命で、初代モントゴメリー伯フィリップ・ハーバート（第三代ペンブルック伯ウィリアム・ハーバートの弟で後の第四代ペンブルック伯）が城主となる。一六一三年七月十一日、ハーバート卿は五百ポンドで買い戻したが、一六一六年に本文に記されている経緯で、ペンブルック伯の従弟ウィリアム・ハーバート（ポウィス卿）に譲った。しかし、またすぐに取り戻した。なお、ジョン・ダンは、一六一三年の春、桜草が咲くころ、この城を訪れた。詩集『唄とソネット』所収「桜草」（"The Primrose"）は、その訪問を記念する作と考えられている。John Donne, *The Complete English Poems*, ed. A.J. Smith (London: Penguin, 1980), p. 74／『ジョン・ダン全詩集』湯浅信之訳（名古屋大学出版会、一九九七年）、一〇一―〇二頁。当時の伝記作家ジョン・オーブリーは、「エドワード・ハーバート小伝」で、モントゴメリー城の春の風物詩「桜草の丘」に言及している。*Aubrey's Brief Lives*, ed. Oliver Lawson Dick (1957: rpt. Jaffrey, New Hampshire: David R. Godine, 1999), pp.

134-35／『名士小伝』橋口稔・小池銈共訳（冨山房、一九七九年）、二一七頁。この古城は、内戦で数奇な運命を辿る。議会軍に接収されたあと、卿の裏切りに腹をたてた王党派が包囲する。城主エドワード亡きあとは、王党派の相続人（リチャード・ハーバート）の所有となるが、議会の命によって破壊。城石は売られ散逸する。今は、城址。Walton, *op. cit.*, p. 63; 曽村、前掲書、二五一頁参照。

（36）当時は火薬叛逆と呼ばれた火薬陰謀事件の残党狩りのエピソード。一味は火薬の一部を持って逃亡。潜伏先で雨に濡れた火薬を乾かそうと暖炉の傍に置くと、火の粉が降りかかり爆発したという。アントニア・フレイザー『信仰とテロリズム　一六〇五年火薬陰謀事件』加藤弘和訳（慶應義塾大学出版会、二〇〇三年）、二三六―三七頁。

（37）妻メアリーの返答「自分の責任で子供を養育したくはありません」の原文は、she would not draw the cradle upon her head（災いが降りかかろうと、自分の責任で揺籠を引きたくありません）。シャトルワースによると、当時の俚諺的な表現をもじったものだという。Shuttleworth, *op. cit.*, p. 141n. だが、そのニュアンスは伝えがたく、意訳した。含意としては、クリスティン・ジャクソンの解釈に従うと、妻メアリーの懸念としては、寡婦産の一部を限嗣相続に充てることで家庭内での力を削がれるばかりではなく、夫と死別したあと再婚の可能性を低くし、さらには将来子供を支配する力を弱めかねないということであろう。Jackson, *op. cit.*, p. 52. この台詞は、また、孟母マグダレンに対するエドワード自身の葛藤をも示している。亡き父の遺産がすべて長男である彼に譲渡されず、あからさまに反発できなかった恨みに起因するらしい。だとすると、妻のペルソナを借り慈母に対して長年の鬱憤を晴らしたのかも知れぬ。Cf., Bottrall, *op. cit.*, pp. 69-70; Jeffrey Powers-Beck, *Writing the Flesh: The Herbert Family Dialogue* (Pitsburg: Duquesne University Press, 1998), p. 41.

(38) ケンブリッジ大学のフィッツウィリアム美術館には、ハーバートが主に英国とパリで収集したリュート音楽の手稿譜が所蔵されている。それは、十七世紀初頭のリュート音楽を知る上で貴重な資料となるアンソロジーで、卿自身の作曲も含めてイギリスのダウランドやフランスのゴーチィエ、それにイタリアなどリュート奏者による二四二の譜面から成る。*The Lute Book of Edward Lord Herbert of Cherbury*, GB-Cfm Mus. MS, 689, c. 1616/7-1640, ed. François-Pierre Goy, Craig Hartley and John H. Robinson, Facsimile edn., 2 vols (London: The Lute Society, 2019). イギリス・リュート音楽の「黄金時代」の残響を、ＣＤで聴ける。Paul O'Dette, *Lord Herbert of Cherbury's Lute Book* (Harmonia Mundi HMT 7907068, 1998); Martin Eastwell, *The Dark Lord's Music* (Music and Media MMC 117, 2018). ハーバート卿の弟ジョー

ジ・ハーバートもリュートの名手だったという。オーブリー、前掲書、二六頁、Walton, *op. cit.*, p. 303. なお、古楽器演奏家・竹内太郎氏より、上記英リュート協会編纂による、エドワード・ハーバートのリュート音楽の手稿譜（フォリオ判PB、全二巻：序説とファクシミリ版）を譲り受けた。ご厚情に感謝し、ここに記す。

（39）マルグリット・ド・ヴァロア、またの名、王妃マルゴー。アンリ四世とは一五九九年に離婚。しかし、アンリ四世がマリー・ド・メディシスと再婚後も、依然として王妃の称号を用いる。マルグリットがパリ市内、セーヌ川の左岸に暮らす屋敷は、*L'Hostel de la Reine Marguerite* と呼ばれた。シャンティイの小城館を手掛けたジャン・ビュランの設計でもある。なお、「市内の屋敷」と訳した原語は hostel で、*OED* では town mansion の語義が与えられており、ハーバート卿のこの箇所が用例として挙げられる。

（40）バラニー殿ことダミアン・ド・モンリュックは、ジョージ・チャップマンの悲劇『ビュッシィ・ダンボア』で主人公のモデルとなった英傑ルイ・クレルモン・ダンボアーズの甥。川井万里子訳『ビュッシィ・ダンボア』（春風社、二〇二二年）参照。

（41）一六〇九年三月二十五日、ユーリヒ・クレーフェ公爵領のヨハン・ヴィルヘルムが嫡男の相続人を遺さず死去。サリカ法により公位継承者は複数、そのうち有力なブランデンブルク選帝侯ヨハン・ジギスムントとノイブルク公フィリップ・ルートヴィッヒ（パラティン伯ヴォルフガング・ヴィルヘルムの父）のふたりが公位継承を要求する。プロテスタントを支援するためフランス王アンリ四世とネーデルラント連邦共和国が助勢する。それを受けハプスブルク家のレオポルト大公が神聖ローマ帝国皇帝ルドルフ二世の諒承を取り付け、公領の主要都市ジュリアーズ（ユーリヒ）を占拠する。イギリスもプロテスタントの大義名分で追随し、新旧宗教紛争の様相を呈する。C.V. Wedgewood, *The Thirty Years War* (1938; rpt. New York: Book of the Month Club, 1995), p. 48／C・ヴェロニカ・ウェッジウッド『ドイツ三十年戦争』瀬原義夫訳（刀水書房、二〇〇三年）、五一頁参照。なお、ユーリヒ包囲の際は、レオポルト大公がプロテスタント同盟の軍門に降り、ブランデンブルク選帝侯とノイブルク公のふたりの共同統治で一旦は決着がつく。だが、その後、ブランデンブルク選帝侯がルター派からカルヴァン派に転向すると、ノイブルク公はカルヴァン派からカトリックに改宗。両者の隙を衝きルドルフ二世を襲いだマティアスとスペイン王フェリペ三世が名将スピノラをクレーフェに派遣し、一六一四年に紛争が再燃する。ところで、義勇兵としてジュリアーズ包囲に加わったハーバート卿に、ジョン・ダンは、書簡詩「ジュリアーズにいるサー・エドワード・ハーバートへ」を贈った。その中で、ダンはエドワード・ハーバートの活躍をこう評している。「君が以前から口癖のように言っていたこと、つまり、／俺は人間を知っている、という主張は正しくもあり大胆不敵だ。／その主張を信用できると思わせるのは、君があらゆる／名著を読んでいることだ。いや、君自身が一冊の名著だ。／君の行動に、人となりが読み込める」John Donne, *The Complete English Poems, op. cit.*, pp. 218-19／『ジョン・ダン全詩集』前掲、三二九―三二一頁。

（42）ここに登場するオレンジ公は、オランダ独立の父オラニエ公ウィレムの二男マウリッツ。異母兄の長男フィリップスは長らくスペインに人質として囚われの身であった。「沈黙公」として知られる父の暗殺のあと、ナッサウ・ファン・マウリッツはオランダ総督となり、スペインとの八十年戦争で中心的な役割を担う。また、休戦中も軍事教練を体系化しただけではなく、武器の開発にも力を注いだ。前出の『トリストラム・シャンディ』（上巻、一九三頁）には、馬車よりも速く走る風力を利用した帆かけ車の発明は、マウリッツの命によるとある。一六一八年、オラニエ家の長兄フィリップスが謎の死を遂げたあと、マウリッツがオラニエ公（オレンジ公）の称号を引き継ぐ。C.V. Wedgewood, *William the Silent: William Nassau, Prince of Orange 1553-1584* (1944; rpt. London: Phoenix Press, 2001)／C・ヴェロニカ・ウェッジウッド『オラニエ公ウィレム　オランダ独立の父』瀬原義夫訳（文理閣、二〇〇八年）参照。また、このマウリッツは、一六〇九年、オランダ東インド会社が日本に進出したときのオランダ総督。

(43) 弟のジョージ・ハーバートは、アン・クリフォードが第四代ペンブルック伯フィリップ・ハーバートと再婚したあと、その居城ウィルトン・ハウスでチャプレンを勤めたという。

(44) スペイン軍の名将スピノラ（あるいはスピノーラ）は、もとイタリア・ジェノヴァ出身の傭兵隊長。オランダ独立戦争におけるオラニエ公の宿敵。一六〇九年から休戦中であったが、スピノラ将軍は、休戦が明ける一六二一年に向けて連合諸州打破の計画を着々と練っていた。エドワード・ハーバートは、休戦中の小紛争で知り合ったスペインの名将に共感を得たようだ。供食の儀式を終えたあとは、親しみを込め軍の役職、将軍ではなく、地位・肩書である侯爵を使っている。

(45) 一六〇九年八月二十八日に死去したサー・フランシス・ヴィアに対し、エドワード・ハーバートは二編の追悼詩（一編は英語、もう一編はラテン語）を捧げている。Edward Herbert, *The Poems, English and Latin*, ed. G. C. Moore Smith (1923; rpt. New York: AMS Press, 1980), p. 34, p. 88.

(46) ヘンリー・ウォットンは、外交官で詩人。彼の名言として、大使とは祖国のため海外で嘘をつくのに派遣された正直者なり、がある。Walton, *op. cit.*, p. 121. 一六〇四年七月十九日、ウォットンが大使着任のためヴェネツィアへ出帆するに際し、ジョン・ダンは、書簡詩「サー・ヘンリー・ウォットンに、大使としてヴェニスに赴任されるに当たって」を贈った。John Donne, *The Complete English Poems*, *op. cit.*, pp. 216-17／『ジョン・ダン全詩集』前掲、三六五―六七頁。Cf., Walton, *op. cit.*, pp. 113ff.

(47) ダッドリー・カールトンは、ヘンリー・ウォットンの後任として、一六一〇年、ヴェネツィア大使に着任。後に国務大臣に就任。

(48) オクスフォード伯ヘンリー・ド・ヴィアは、一六二四年に美貌のダイアナ・セシルと結婚する。ハーバートは、彼女のブラック・ビューティーを称え、一連の詩を残している。Edward Herbert, *The Poems, English and Latin*, *op. cit.*, pp. 34ff.

(49) 原語は、the English College. イギリスの巡礼者を受け入れるローマの宿坊であったが、ヘンリー八世がローマ教皇と袂を分かち、一五七九年頃にはイングランドとウェールズでの宣教を目的としたカトリックの司祭養成所（コレジオ）となる。

(50) 「帝政の秘策」と訳した原語はラテン語で、*arcanum imperii* である。英訳は、the secret of empire. タキトゥスの借用語で、邦訳では、秘蘊《ひうん》や秘鑰《ひやく》と訳されている。Tacitus, *The Annals*, trans. John Jackson in *Tacitus in five volumes*, vol. 3 of bks. I-III, (Cambridge, Mass.: Harvard University Press, 1979), III, 436／タキトゥス『年代記　ティベリウス帝からネロ帝へ』国原

吉之助訳、全二冊（岩波文庫、一九八一年）、上巻、一二一頁、Tacitus, *The Histories*, trans. Clifford H. Moore in *Tacitus in five volumes*, vol. 2 of bks. I-III, (Cambridge, Mass.: Harvard University Press, 1968), II, 8／タキトゥス『同時代史』國原吉之助訳（ちくま学芸文庫、二〇一二年）、十六頁。タキトゥスの元意では、新皇帝を擁立する秘策や奥義は軍団の武力であったらしいが、ルネサンス期になると為政者・独裁者の大権や国家機密および「国家的理由（国家理性）」などの含意と結びつく。玉泉八州男『シェイクスピアの世紀末』（小鳥遊書房、二〇二二年）、七九―一〇五頁、『北のヴィーナス　イギリス中世・ルネサンス文学管見』（研究社、二〇一三年）、一〇八―一一一頁。

（51）サヴォイア大公カルロ・エマヌエーレ一世は、領土継承問題からスペインに怨恨を抱きプロテスタントに改宗する。対スペイン戦争に備え、スカルナフィッシ伯爵をイギリスはジェイムズ一世の宮廷に派遣し、援助を申し出る。ロンドン塔に投獄中のウォルター・ローリーがジェノヴァに牽制攻撃を仕掛ける算段だったが、その計画は頓挫する。

（52）アルベルトゥス・モートンは、ヘンリー・ウォットンの甥。このあと、ハイデルベルクはプファルツ選帝侯妃エリザベスの秘書官となる。

（53）サー・ジェイムズ・サンディランズ［サンドランド］。プファルツ選帝侯妃エリザベスの侍従長。異本（シャトルワース版）の読みだと、条件を付けたのが、ハーバート卿ではなく、申し出た本人となっている。「スコットランドのサンディランド一族の老騎士がこの噂を聞きつけ、道すがら馬たちを大切に扱い、現地に着いてからも手厚く世話をするという条件で、ハイデルベルクまで私の持ち馬を拝借できぬかと願い出た。」Shuttleworth, *op. cit.*, p. 77.

(54) 深紅色と訳した原語は、naccarine. *OED* は用例としてエドワード・ハーバートの自伝のみを出典として挙げる。一六〇四年ごろ、ハーバートがバースの騎士叙任を記念して描かせた肖像画（ポウィス城、ナショナル・トラスト蔵）を参照。

(55) 前出リチャード・サックヴィルの弟。一六二四年、兄の爵位を受け継ぎ第四代ドーセット伯となった。エドワード・ハーバートは、エドワード・サックヴィルの第一子が出生時に亡くなったことに対し、追悼詩を寄せる。Edward Herbert, *The Poems, English and Latin*, *op. cit.*, p. 30.

(56) ブリーレと訳した地名の原語は、The Brill で、オランダの地名 Brielle or Den Briel の英語名。南ホラント州内に位置するが、当時イギリスが占有していた。オランダ独立戦争（八十年戦争）で五千名の援軍を差し向ける担保に、エリザベス一世が一五八五年に手に入れた都市のひとつ。一六一七年に返還。眉唾な説だが、総督の娘ブリリアナ（Brilliana）が地名の由来とか。

(57) 後のチェスターフィールド伯、スタンホープ(スタナップ)卿フィリップの妻キャサリン。

(58) 旧造幣所と訳した原語は、the Old Exchange. セントポール大聖堂の近くにあった。King's Exchange, or the Change とも呼ばれた。かつて複数あった鋳造施設ひとつ。王立取引所 (the Royal Exchange) とは別物。Cf., John Stow, *A Survey of London Written in the Year 1598*, ed. Henry Morley (1598; rpt. Stroud, Gloucestershire: Sutton, 1994), pp. 81-82, p. 342.

(59) チェルシーは、ハーバート卿の母マグダレン・ハーバートが再婚相手サー・ジョン・ダンヴァーズと暮らした地である。その屋敷には、イタリア式庭園があり多くの文人や知識人が訪れたという。例えば、ジョン・ダンやフランシス・ベイコンなど。『英文学と結婚』前掲、一三六頁。ちなみに、ハーバート卿の継父ジョン・ダンヴァーズは、彼が出資していたヴァージニア・カンパニーの認可が一六二四年にジェイムズ一世より取り消されたことから王室に怨恨を抱き、一六四九年、チャールズ一世の死刑執行に署名し、弑逆者となった。

(60) ルイ十三世が吃音だったのは事実らしい。ただ、過剰歯か、あるいは、上顎が小さく前歯が二列になっていたのかどうかは不明。先王で父親のアンリ四世と息子で後のルイ十四世は、言い伝えによると、乳母を悩ませる歯並びであったという。A. Lloyd Moote, *Louis XIII: The Just* (Berkeley and Los Angeles: University of California Press, 1989), p. 21.

(61) ヘルニアと訳した原語は、herniosus で形容詞。*OED* がこの箇所を用例として挙げている。

(62) 一説には、摂政となった母后マリー・ド・メディシスは、己が権力の保全のため幼い息子ルイを政治からも、また彼を利発にする賢者からも遠ざけたという。その結果、ルイ十三世は、母親に面従腹背したものの、内心では不満が沸沸と煮えたぎり「口を堅く閉ざし、能面のような顔で本音を隠した・・・」という。A. Lloyd Moote, *op. cit.*, pp. 58-59, p. 80.

(63) 一六一七年、リュイヌはルイ十三世の差し金で、政敵であった母后の寵臣コンチーノ・コンチーニ（フィレンツェから連れてきた策士）を暗殺し、母后をブロワ城に幽閉する。一六一九年、母后の支持者・親派がマリー・ド・メディシスを解放して、内乱が勃発。

(64) シェイクスピアの『冬物語』（三幕三場の冒頭）でも、ボヘミアは、内陸ではなく海に接する国として描かれる。シェイクスピアの場合、現実を無視した設定は、主に材源・種本による。Shakespeare, *Complete Works*, ed. W.J. Craig (London: Oxford University Press, 1965), p. 337／桒山智成訳『冬物語』（岩波文庫、二〇二三年）、一一二頁、二五〇頁。

(65) スペイン国王フェリペ三世（一六二一年歿）の長女アンヌ・ドートリッシュは、一六〇一年生まれ。ルイ十三世と結婚したのは、一六一五年。流産を三度も経験し、一六三八年、結婚して二十三年目、御年三十七歳にして第一子、後の太陽王ルイ十四世を出産する。

(66) 特に、プラハ郊外の白山(ビーラー・ホラ)の戦い。一六二〇年十一月八日、ボヘミアでプロテスタント連盟軍が神聖ローマ皇帝フェルディナント二世側の軍門に降り、ボヘミア王であったプファルツ選帝侯フリードリヒ五世とその侯妃エリザベス[エリザベート](英国王ジェイムズ一世の娘)が零落、ボヘミアから逃亡する転機となる。C.V. Wedgewood, *The Thirty Years War*, *op. cit.*, pp. 117-30. /C・ヴェロニカ・ウェッジウッド『ドイツ三十年戦争』前掲、一二五—三九頁参照。

(67) ハーバートの原文では、エスタンプ(Estampes)となっている。その地は、フランスは南西部ジェール県にあるスペインとの国境近くの町で、文脈に沿わない。一八六二年の仏訳では、パリ中心部から南南西に五十キロほどの古都エタンプ(Etampés)[Étampes]となっており改めた。*Mémoires de Édouard Lord Herbert de Cherbury*, trans. Charles de Baillon (1862; rpt. Kindle 版)位置 No. 2073.

(68) シェイクスピアの『ヘンリー五世』(四幕一場二五七—五八行)に、似た台詞がある。「王がもっていて庶民がもっていないものといえば、/儀礼のほかに、形式的儀礼のほかに、いったいなにがある?」小田島雄志訳(白水uブックス、一九八三年)一三六頁/Shakespeare, *Complete Works*, *op. cit.*, p. 489.

（69）肉刺《まめ》と訳した原語は、pulse で pulse corn の略、つまり、豆のこと。ここでは、マメ、タコ（胼胝）、ウオノメ（鶏眼）など、水泡や角質化した皮膚の塊のことであろう。

（70）プルタルコスによると、アレクサンドロス大王は、全身芳香を放ち着衣にまでその香りが移ったという。プルターク「アレクサンドロスは酒豪だったか」『倫理論集』河野與一訳（岩波書店、一九八七年）所収、一六〇頁。モンテーニュ「匂いについて」（第一巻第五五章）『エセー（二）』原二郎訳、全六冊（岩波文庫、一九八六年）所収、一九一頁参照。ハーバート卿より少し若い世代のイギリスの宗教哲学者ヘンリー・ムアーの評伝に、彼が同様に芳香を発する身体の現象が報告されているが、それは聖人性を増すための小道具である。Eugene D. Hill, *Edward, Lord Herbert of Cherbury*, Twayne's English Author Series (Boston, Massachusetts: Twayne, 1987), p. 112.

（71）ハーバート卿は、英詩「愛がついに語りだす」で、オレンジの木およびその果実を比喩に使う。「だが、我らが北方の地に／珍しい果実が最近になってようやく姿を現したが、／知ってとおり何年もかかって、／我らのオレンジの木は時間をかけて成熟するのである」（試訳）。Edward Herbert, *The Poems, English and Latin*, *op. cit.*, p. 28. 弟のジョージ・ハーバートもオレンジの木を「仕事」（二）で取り上げる。「ああ、私がオレンジの樹／働き者の果樹であったなら」と、嘆く。『ジョージ・ハーバート詩集』前掲、一二七頁／Hutchinson, *op. cit.*, p. 79. なお、ドン・キホーテが遍歴の旅の途中で投宿する旅籠の女中マリトネルが語る、騎士道物語の件《くだり》が印象的である。「どこぞやのやんごとない婦人がオレンジの樹陰で愛する騎士に抱かれていると…」『ドン・キホーテ（前篇）』前掲、（二）二九三―九四頁。

(72) 第三代ギーズ公初代アンリは、カトリック同盟の旗頭としてユグノー弾圧に尽力した。だが、跡目を継いだ息子第四代ギーズ公シャルルは仏国王アンリ四世と和睦し、プロヴァンスの地方総督になった。

(73) 仏国王ルイ十三世の側からすると、イギリスはプロテスタントの大義名分によりフランス国内のユグノー弾圧を強く非難するが、そのイギリスが自国内ではカトリック教徒を迫害しているではないかと、英国王ジェイムズや皇太子チャールズを偽善者呼ばわりしても、道理に適った見方であろう。

(74) リュイヌ公の弟オノレ・ダルベールがイギリスに派遣されたのは、一六二二年一月のことで、彼の兄リュイヌとハーバート卿との間にもめ事が生じる前であった。これは、単なるハーバートの記憶違いか、はたまた大使が本国に呼び戻される汚名を、卿が無意識に取り繕うため事の前後を取り違えたのか、定かではない。

(75) フランシス・ネザーソールは、ハーバート卿の実弟ジョージ・ハーバートが一六二〇年一月にケンブリッジ大学の代表弁士に就任するが、その前任者であった。また、ネザーソールは、大学代表弁士を辞任してほどなく、プファルツ選帝侯妃エリザベスの秘書になった。Walton, *op. cit.*, p. 270.

(76) スペインの英国大使ゴンドマルは、カトリック復権の命を受けイギリス国内のイエズス会士とともに政治・宗教活動に奔走した。劇作家トマス・ミドルトンは、彼らの暗躍する様を『チェス・ゲーム』(一六二四年初演)でパロディとした。覇権の復権を目論むスペインの怒りを買いかねないこの風刺劇をロンドンの舞台で上演を許可したのが、当時宮廷祝典局長の要職にあったハーバート卿の実弟ヘンリー・ハーバートである。Thomas Middleton, *A Game at Chess*, ed. T.H. Howard-Hill (Manchester: Manchester University Press, 1996). 山根正弘「モグラのイメージ十七世紀イギリスを映す鏡」、『英文学にみる動物の象徴』(彩流社、二〇〇九年)所収、六七—六八頁参照。

(77) イギリスの皇太子チャールズ・スチュアート(後のチャールズ一世)の第一花嫁候補となったマリア・アナ(アンナ)は、スペイン国王フェリペ三世の二女。皇太子チャールズとの縁談がご破算になったあと、神聖ローマ皇帝フェルディナント三世に嫁ぎ、皇妃となる。マリア・アナの姉は、フランス王ルイ十三世の妃アンヌ・ドートリッシュ。長兄はスペイン王フェリペ四世。フェリペ四世は、上述マリア・アナとフェルディナント三世との間にできた娘の姪（マリアナ／マリア・アンナ）と再婚する。ベラスケスの名画『ラス・メニーナス』、鏡に映る国王夫妻参照。

(78) 一六二三年二月十八日、チャールズ皇太子は上述マリア・アナとの縁談を整えるべくバッキンガム侯他三名を伴い、パリ経由で変装してスペインへ旅に出かける。三月七日にマドリードに到着。皇太子一行は、フェリペ四世の寵臣オリバーレス伯公爵ガスパール・デ・グスマンに手玉に取られる。イギリスにとっては屈辱的な婚姻条約を強要され、同年八月三十日、マドリードを発つ。十月五日に王女の花嫁を連れずに、イギリス本土に戻る。このお忍び道中記については、本自伝にも何度か登場するヘンリー・ウォットンによる当時のパンフレットを参照。Henry Wotton, *A Short View of the Life and Death of George Villiers, Duke of Buckingham*, Perfect Library, (1624; rpt. n.p.: CreateSpace Independent Publishing Platform, 2015), esp. pp. 7-12.

(79) ハーバート卿が若いころ、騎士の素養を身に付ける上でお世話になった、いわゆるフランスにおける庇護者のアンリ・モンモランシー公爵（父はアンヌ・モンモランシーでフランソワ一世に仕えた元帥）は、先仏王アンリ四世の軍事面での側近であった。南フランス、特にラングドック地方の宗教戦争鎮圧に功をなし、元帥の称号を授与される。カトリックの穏健派ながら、極右カトリックに加担せず、かといって極左ユグノー贔屓でもなく、強いフランス建国のため一丸となる理想を掲げるポリティーク派であった。両者の国内での共存を認めるその一派の考え方が、やがて一五九八年にナントの勅令へと結実する。だが、ハーバートのフランス大使在任中、一六二一年、リュイヌ公の進言を受けルイ十三世の国王軍は、ナントの勅令を無視して再びユグノーに弾圧を開始した。ハーバートが、キリスト教徒のキリスト教徒（旧教徒）によるキリスト教徒（新教徒）に対する弾圧や迫害が現実に起こっている状況を目の当たりにして、その宗教戦争の根拠や正当性を疑い、深く考えるようになったとしても不思議ではない。一六八五年、次の仏王ルイ十四世がナントの勅令を廃止し、ユグノーを徹底的に弾圧する政策に転じたことが、ジョン・ロックをして『寛容についての手紙』を書かせる契機となったとしたら、ルイ十三世がナントの勅令を有名無実にする政策に踏み切ったことが、ハーバートをして『真理について』を公刊させるきっかけとなったのであろう。神の本性や信仰の本質は同じであるのに、儀式や制度が違うという理由でキリスト教の同胞の命を奪う権利は、何に由来するのか。

Roger A. Johnson, "Wars of Christians against Christians: Herbert of Cherbury's Theological Antidote to Religious Warfare," in *Peacemaking and Religious Violence: from Thomas Aquinas* to Thomas Jefferson (Eugene, Oregon: Pickwick, 2009), pp. 159-96. ジョン・ロック『寛容についての手紙』加藤節、他訳（岩波文庫、二〇一八年）所収、訳注一八五番参照。序でながら、平和主義者のエラスムスは、反戦の立場からキリスト教徒が骨肉相食む愚を説いた。どうしても人間の性として戦争を止められないのであれば、異教徒に遠征軍を送るように指南する。箕輪三郎訳『平和の訴え』（岩波文庫、二〇〇〇年）、七六頁、沓掛良彦・高田康成訳『エラスムス＝トマス・モア往復書簡』（岩波文庫、二〇一五年）、三八六―八七頁参照。

（80）ハーバート卿の至高の力・神による承認要求は、二十世紀に活躍したケンブリッジ大学の文学史家バジル・ウイレー［ウィリー］によって取り上げられ論じられる。その『自伝』の掉尾を飾る有名な啓示の箇所が大浦幸男によって邦訳されている。Basil Willey, *The Seventeenth Century Background* (1934; rpt. New York: Columbia University Press, 1967; 1977), pp. 127-29／B・ウイレー『十七世紀の思想的風土』深瀬基寛、他訳（創文社、一九七九年）、一五五―五七頁。

（81）ハーバート卿の処女作『真理について』（ラテン語版）は、一六二四年パリで出版。パリの第二版は、一六三六年。フランス語訳（通説によると、神学者マラン・メルセンヌ訳）は、一六三九年パリで出版。ラテン語のロンドン版は、著者の存命中では、一六三三年に出版されている。現代英語訳は、メイリック［メリク］・カレ訳（前掲）、パリの第二版からほぼ三百年後の一九三七年に出版。Edward Herbert, *De Veritate*, trans. Meyrick H. Carre (1937; rpt. London: Thoemms, 1992).

（82）ハーバート卿に対するフランス大使罷免の通知は、一六二四年四月十四日付。実際に本国に戻ってきたのは、同年の六月二十四日。カーライル伯ジェイムズ・ヘイとケンジントン卿ヘンリー・リッチ（後のホランド伯）がフランスとの縁組交渉を進めるためパリ入りしたのは、同年五月。皇太子の縁談に対する二度にわたるイギリス王室との意見の相違、先はスペインの王女、この度はフランスの王女との縁談の是非をめぐる対立が、判官贔屓のハーバート卿に突然の解任を招いたらしい。C.H. Herford (ed.), Introduction to *The Autobiography of Edward, Lord Herbert of Cherbury*, (Newton, Montgomery: Gregynog Press, 1928), pp. xi-xii.

解説

世にいう、兄弟ともに秀でた玉昆金友《ぎょっこんきんゆう》の例は意外と多く、イギリス近代初期にも見受けられる。シェイクスピアの死後編まれた最初の作品集ファースト・フォリオ（一六二三年）に付せられた献呈の辞で、「比類なき兄弟」と称えられたペンブルック伯の兄弟（ウィリアムとフィリップ・ハーバート）に勝るとも劣らない兄弟が、伯爵の分家筋にもいた。アングロ・ウェルシュの兄弟エドワードとジョージ・ハーバートである。現代では文学愛好家や研究者に宗教詩人ジョージ・ハーバートの兄として知られる本自伝の著者エドワード・ハーバートであるが、彼はふたりの兄弟が在世のとき、弟よりむしろその名をヨーロッパ大陸に轟かせていた。フランスはルイ十三世の宮廷で英国大使を務めた外交官にして詩人・哲学者・神学者・歴史家で、リュート音楽にも長けていた。語学堪能の世界市民にして諸文芸に通じたエドワードには、もう一面、名うての剣豪で国際紛争に身を投じる武闘派の側面もあった。ここに訳出した自伝は、イギリス・ルネサンス人による子孫に宛てた反面教師としての半生である。

エドワード・ハーバート（一五八三―一六四八）が生きた時代は、エリザベス朝後期からジェイムズ朝そしてキャロライン朝（チャールズ一世の治世）に及ぶ。これら三世代にわたる君主の統治において、イギリスは政治・経済は言うに及ばず、文化・文芸の面でも大陸の列強に後れを取っていた。というのも、十四世紀末にイタリアで花開いたルネサンスの運動は、ボッティチェリの名画『プリマヴェーラ』の如く、春風の息吹がアルプスを超えドイツやフランスそしてオランダやスペインなどに伝わり、その後ようやく海を渡り北の島にまで達するものの、イギリスでは寒い風土ゆえにフローラの開花が遅かったからだ。

十五世紀末にレコンキスタを成就したスペインでは、もはや中世的な騎士道精神は廃れ、シェイクスピアと同じ年の一六一六年にこの世を去ったセルバンテスは、古ぼけた甲冑に身を固め旅するドン・キホーテを物笑いの種とする。道化の従者サンチョ・パンサは、父祖譲りの鋭敏な舌を持つ喇酒師であるのには驚かされるものの、老騎士の口癖でもある諺や格言をのべつ幕なしに並べ立て、その口真似はあたかも痴愚神の申し子のようであり、オランダのエラスムスが丹精を込め蒐集した『格言集』（初版一五〇〇年）を卑俗化しているようだ。

しかるにロンドンの文壇では、エドマンド・スペンサーは妖精の騎士に美徳を求めて遍歴させ、サー・フィリップ・シドニーは人文主義の先駆ペトラルカの抒情詩集をまねてソネット連作で思い姫ステラへの愛を詠む。シェイクスピアは苔むす昔話を装いを新たにして舞台にのせ、常設劇場にて玄人だけではなく庶民をも拍手喝采の渦に巻き込む。聖ポール寺院の首席説教師ジョン・ダンはドイツでルターが口火を切った宗教改革の動乱に思い悩み、奇想を駆使して深遠な形而上詩および宗教詩の境地を拓く。国教会の教区牧師でもあったジョージ・ハーバートは、巨星ダンの遊星にして神との親密な対話形式で宗教抒情詩を彫金師の如く仕上げる。ジョージの兄エドワード・ハーバートは、弟の聖人像とは雲泥の差で、若い頃はルネサンスの万能感に浸り、この世の花を謳歌し、人生を享楽した。つまり、此岸のエピクロスの苑において、眼でブルネット美女を追いかけ、耳で尼僧の美声に酔い痴れ、パリの美食に舌鼓を鳴らす。

エドワード・ハーバートの活躍の舞台は、イングランドとウェールズのほか北海沿岸の低地帯（ネーデルラント）やフランスなどヨーロッパ大陸にまたがる。だが、何といっても自伝の目玉は、ジェイムズ一世勅選大使の自負のもとルイ十三世の宮廷で駐仏英国大使を務めたときの外交術であり外交秘話である。ハーバートは、外交官時代の功績で最初はアイルランドの、次にイギリスの男爵位に叙せられるが、生まれはジェントリー階級出身の長子である。イギリスは近代初期にあってすら、遍歴の騎士の魂を宿し、誓願を墨守し貴婦人の名誉のため決闘状を叩きつけることしばしばであった。また、宗教改革や宗教戦争の動乱の中、神より刻印された理性の光明を信じ、真理を探究し思索し続けた知識人である。ただ坐して瞑想にふける学者然としたところはなく、行動・実践がともなう、いわば、文武二道の両刀使いである。武人としては、義勇兵や傭兵として大陸の宗教・政治がらみの戦争に参陣、軍馬にまたがり先陣を切り数多の武勲をたてる。文人としては、独創的な哲学や神学の諸書そして浩瀚な歴史書を著しただけではなく、英語とラテン語で形而上詩を詠み、学問研究に疲れたときはリュートを爪弾《つまび》き、その手稿譜を編んだ。武闘派知識人である。

一六一九年、ハーバートはジェイムズ王の寵臣バッキンガム侯（後の公爵）の推挙でフランス大使としてパリに赴任。ヨーロッパでは、休戦期間であったとはいえオランダ八十年戦争の渦中にあり、ドイツでは三十年戦争が火蓋を切り、国際紛争の様相を呈する。政治的・宗教的な烈風苛烈の中、外交の難局を巧みに処理するかたわら、大陸の新しい科学や思想に触れ、知的巨人に教えを請い対話を重ねる。一六二四年、外交上の政策で王室と意見が折り合わず大使を解任される。パリを去るまえ、イギリスではフランシス・ベイコン以来の本格的な哲学書と誉れ高い『真理について』を出版する。ジェイムズ王崩御の後、チャールズ一世よりイングランドの男爵に叙せられ、チャーベリーのハーバート卿の称号を得る。だが、寄る年波には勝てず、西ヨーロッパでの紛争の修羅場から遠ざかり、軍事会議で卿の意見や答申に耳を傾ける参謀は稀となる。イギリスの内戦では、貴族院の一員ながら、王党派にも議会派にも与せず中立を保つ。齢六十の坂を迎え（一六四三年頃）、その半生を回顧したのが本書である。

著者略伝(1)

ハーバートは自伝の冒頭、己が半生を記す目的をふたつ陳べる。執筆動機のひとつは、子孫の薫育のため。もう一つは、己の悪業を悔い、神に赦しを請うためである。この趣旨で全体が構成されており、砂をかむような年代記的な体裁をとっているわけではない。例えば、若い頃より付き合いのあった大物詩人ジョン・ダンは名前だけ、劇作家ベン・ジョンソンなどは名前すら登場することはない。母親の再婚相手ジョン・ダンヴァーズ（チャールズ一世の処刑執行に署名した弑逆《しぎゃく》のひとり）も自伝に名前が一度だけ挙げられるだけだ。継父ダンヴァーズと母親は年齢が二十歳もかけ離れ、長男であるエドワード・ハーバートよりも年下の若輩であったのも、看過される一因であるかも知れない。フランスでは、ルイ十三世の宰相でドイツ三十年戦争に介入したリシュリュー枢機卿も無視される。単なる思い違いか、あるいは恣意的に伝記的事実の組み換えがなされたのか、おそらく両者の混交であろう。つまり、本自伝は、記憶の殿堂から取捨選択が行なわれ、虚実入り混じった著者の視点から見た真実である。以下、内容理解のため、順を追って著者の生涯を簡略に辿りたい。

エドワード・ハーバートが呱々《ここ》の声をあげたのは、一五八三年三月三日、イングランドのシュロップシア［州］はアイトン・オン・セヴァーンにある母方の館であった。(2) 七男三女の十人兄弟姉妹《きょうだい》の長子で、五男に教区牧師で宗教詩人ジョージ・ハーバート、六男に宮廷祝典局長を務めるヘンリー・

ハーバートがいる。父は、郷士リチャード・ハーバート。イギリスの名門でプロテスタント派閥の領袖ペンブルック伯爵家の分家筋にあたる、ウェールズはモントゴメリーの旧家の出である。母は、マグダレン・ニューポート。ウェールズと境を接するシュロップシア界隈の大地主でカルヴァン派ニューポート家の末娘。マグダレン・ハーバートとなった彼女は、旧約聖書で有名なヨブの家族構成、息子七人娘三人の子福者を誇っていたという。再婚後は、レディ・ダンヴァーズを名乗るが、文芸の愛好者で庇護者であった。彼女の美貌や美徳を慕いその内輪のサークルに集う文人のひとりに、形而上派詩人の領袖ジョン・ダンがいた。

エドワードは、幼児期には耳から膿が流れ出る家系的な病のため、イロハもろくに解せぬ空《うつ》け者と思われていたようだ。だが、本復後は家庭教師に恵まれ勉学の後れを取り戻し、一五九六年、十三歳でオクスフォード大学のユニヴァーシティ・コレッジに籍を置く。特別自費生として学業に専念するもほどなく厳父の訃報に接し、郷里に呼び戻される。遺言証書がなかったか、あるいは、遺言に不備があったため、さらに当人のエドワードは未成年で、家督の大半は母マグダレンが伝手《つて》に働きかけ取得したらしい。一段落して学問継続のためオクフォードに舞い戻る。

一五九九年、十六歳のとき、五歳年上の女性メアリー・ハーバートと結婚。岳父サー・ウィリアム・ハーバートは遺言で、ハーバートの家名を有する者に嫁げば、娘メアリーに家督を嗣《つ》がせると定めていた。母親マグダレンと伯父ニューポートが仕組んだ財産目当ての同族婚であった。家父長制のもと慈母の同調圧力に屈し、九人の弟妹《きょうだい》の面倒をみる破目となる。世紀を跨いでほどなく、エリザベス一世に拝謁する。女王は、若い身空で姉女房と、憐れんだという。

一六〇三年、ハーバートは後見人のジョージ・モア（ジョン・ダンの義父）の伝手で、新国王ジェイムズ一世よりバースの騎士《ナイト》に叙任される。一六〇四年八月十八日、ロンドンで英西の講和条約が批准される。その後、英国王による認容の念書をスペインに届ける使節団の一員になる予定であったが、家族の者に泣きつかれ断念した。その代わりに、第三代ペンブルック伯ウィリアム・ハーバートの眷顧《けんこ》により、父方の郷里ウェールズはモントゴメリーの州長官や州選出の代議士となる。

一六〇八年、二十五歳のとき、寡婦を通していた母親マグダレンがサー・ジョン・ダンヴァーズと再婚。ハーバートは孟母三遷の呪縛が解かれたのか、ようやく海外視察の機が熟し、身重の妻と子供を残して大陸に冒険の旅に出る。遠戚で武闘派文人サー・フィリップ・シドニーの先蹤《せんしょう》を踏む狙いがあったかも知れぬ。当時、貴族やジェントリー階級の子弟が出かけるヨーロッパ旅行は、ある種の通過儀礼で、後の家庭教師付のグランド・ツアー（教養志向の諸国漫遊の旅）の先駆けであった。最初に降り立った先は、フランスはパリ、市外街区のフォブール・サン＝ジェルマン。そこで出会ったヴァンタドゥール公爵夫人を通じて名門貴族モンモランシー家の知遇を得る。公爵夫人の父モンモランシー公爵（初代アンリ、元帥アンヌ・ド・モンモランシーの次男）の庇護のもと、風光明媚なシャンティイ近郊のメルルー（現メッロ）で、馬術や剣術の手ほどきを受け、また野猪を仕留めるなど狩猟に没頭し騎士としての素養を身に付ける。中世のロマンスに描かれる遍歴の騎士さながらの修練であった。剣術と馬術について免許皆伝となる。パリに戻ると、駐仏英国大使サー・ジョージ・カルーの仲立ちで、学者イザク・カゾボンと会う。仏王アンリ四世に拝謁し、前王妃マルゴーの舞踏会に参加する。翌年一六〇九年の一月に本国の妻子のもとに一旦は戻る。

一六一〇年、二十七歳のとき、解き放たれた精神は島嶼《しまじま》に収まるべくもなく、冒険を追い求めて大陸に出征。今度は、ドイツ三十年戦争の前哨戦ともいうべきジュリアーズ（ユーリヒ）攻囲に向け義勇兵として馳せ参じる。そこでオレンジ公（ナッサウ伯マウリッツ、後のオラニエ公）の贔屓を得て、数々の武勲をたてる。同年五月十四日、仏王アンリ四世が暗殺される。同年八月、ジュリアーズ降伏後に残務を処理したあと、舟でライン川を下り、アントウェルペンとブリュッセルを経由して、カレーからドーヴァーへ、そしてロンドンに戻る。

一六一四年、三十一歳のとき、オランダは八十年戦争の休戦中（一六〇九年―一六二一年）にもかかわらず、スペインと低地帯との間で一触即発の兆候が現れ、ハーバートはオレンジ公に仕えるため再び、きな臭い大陸に出向く。大陸を股にかけ武術の腕を磨き、戦術を学ぶ。このような次第で、ハーバートの場合、今回も物見遊山のグランド・ツアー如きものとは全く別物で、さながら武者修行であった。数多の手柄を立て、武勇伝がヨーロッパ各地に伝わる中、築城に一家言を持つに至る。一六一五年、三十二歳のとき、巷説の評判を聞きつけたサヴォイア大公（カルロ・エマヌエーレ一世）から、仕官のオファーがあり快諾。折しもサヴォイア公国は、領土継承問題からスペイン・ハプスブルク家に怨恨を抱きプロテスタントに改宗するとともに、対スペイン戦争の準備を着々と進めていた。当公国は、フランスのラングドック地方に拠点を置くユグノーと盟約があり、ラングドックより領内のピエモンテまでカルヴァン派のプロテスタント［ユグノー］四千名の援軍を率いる指揮官を探していた。だが、この華々しい職業軍人としての経歴も、フランス国内の宗教・政治事情から頓挫する。フランスでは内乱が勃発しており、母后マリー・ド・メディシス（ルイ十三世の母）が、国内で兵員を徴募するのを禁じる布告を出していた。ハーバートは、役目の途上、リヨンで徴募禁止令に抵触したのではないかと嫌疑がかけられ、拘束される。同胞のエドワード・サックヴィル（後の第四代ドーセット伯）や旧知のモンモランシー公爵（二代目アンリ、ラングドック地方総督）の執り成しで事なきを得る。このあと、傭兵の軍歴も尻すぼみとなり、一六一六年のはじめ、三十三歳のとき、大陸から本国イギリスに戻ると、熱病に倒れ療養生活を余儀なくされる。その宿痾というべき瘧《おこり》（四日熱）が平癒するや、人生の転機が訪れる。

一六一九年、三十六歳のとき、国王ジェイムズ一世の寵臣バッキンガム侯（後の公爵、ジョージ・ヴィリアーズ）の推挙で、フランス大使に抜擢される。フランスはルイ十三世時代に駐仏英国大使となったハーバートの在任期間中（第一期一六一九年―二一年、第二期一六二二年―二四年）、オランダは当初休戦中とはいえ、ドイツでは三十年戦争が勃発し、ヨーロッパは動乱の渦中にあった。覇権奪還を狙うスペイン・ハプスブルク家とオランダ諸州連合の独立を目指すオラニエ家との間、そしてオーストリア・ハプスブルク家神聖ローマ帝国を中心としたカトリック連盟とプファルツ選帝侯フリードリヒ五世を領袖とするプロテスタント同盟との間で、領土・政治・宗教問題が絡み紛争が生じた。新興国のイギリスは、一六一三年にジェイムズ一世の娘エリザベスがプファルツ選帝侯に嫁ぎ、また一六一九年には娘婿の選帝侯がボヘミア国王に推戴された。それを是としないカトリック連盟は、特にスペインの支援を得て強力な傭兵部隊を派遣。イギリスでは、プロテスタントの大義名分からプファルツ選帝侯を援護すべしとの国民感情が高まる一方であった。しかし、その時点では、ジェイムズは娘婿のため大陸に派兵しなかった。独自の平衡感覚から息子チャールズにはカトリックの花嫁を迎えんと心積があったのか、カトリック連盟に刃を向けなかった。ジェイムズが即位して最大一に取り組んだのは、帝国スペインとの講和条約（一六〇四年）であり、それを破棄してまで派兵はせず、中立による和平を望んだ。また、戦費調達の財政問題も抱えていた。一六二〇年の十一月、プファルツ選帝侯は白山（ビーラー・ホラ）の戦いで神聖ローマ皇帝軍に敗れ、ボヘミアの王位を奪われる。翌二一年にプラハに駐屯していたスペイン軍が撤退すると、その間隙を衝いてプロテスタント同盟が反撃するも、惨敗。ジェイムズ王の娘婿フリードリヒ五世は親戚筋のオラニエ公ナッサウ伯マウリッツを頼り、エリザベスともどもオランダに亡命し、選帝侯位も奪われる。

王家・王侯の縁組は、国際状勢が混迷を極めるなか、外交交渉の切り札となる。当時のイギリスでは、一六一二年に夭折したヘンリーのあと皇太子となったチャールズ（後のチャールズ一世）の花嫁候補に、サヴォイア家、ブルボン家そしてスペイン・ハプスブルク家が挙がっていた。ひとつの選択肢は、フランスはルイ十三世の妹（マリー・ド・メディシスの娘）たちであった。イギリスがフランスとの縁談を推し進めるとしたら、その理由は、プファルツ選帝侯妃エリザベート（ジェイムズの愛娘エリザベス）の援護をフランス側に期待してのことのである。というのも、フランスはカトリックでありながら、両ハプスブルク家による挟み撃ちを避けるため、神聖ローマ皇帝のボヘミアでの勝利と覇権の拡大を阻止する可能性があるからだ。だが、フランスがこの戦に宣戦布告するのは、十五年後の一六三五年のことである。この時点では、在仏大使のハーバートには大陸の様々な国や地域に散在する情報源から、フランスはすでにプファルツ選帝侯の反対勢力ババリア（バイエルン、プファルツとは親戚筋だがカトリック連盟の首魁《しゅかい》でボヘミア王位を狙う）と手を組んでおり、英仏の縁組でフランスからエリザベス選帝侯妃の件で軍事的な援助など得られるはずがなく、そればかりか、イギリスはこの縁談でフランスに塩を贈ることになりかねないことは判っていた。つまり、新教徒を保護する大義名分によるイギリス軍のフランス国内への軍事介入を阻止でき、その間にユグノー弾圧を強め内乱を鎮静化させ絶対王政の基盤を構築できることになると。フランスにとってみれば内憂外患を解消し、漁夫の利を得る機会となる。ルイ十三世は、亡父アンリ四世のナントの勅命を軽視し、寵臣のリュイヌ公シャルル・ダルベールとともに国内のユグノー根絶に邁進しており、旧教のフランスがプロテスタントに味方してプファルツ選帝侯を援護することはないと、ハーバートには予測できたはずだ。縁組の件では、王室の意向にあからさまに異を唱えることはできず、その代わりルイ十三世のユグノー弾圧に反発してリュイヌに猛抗議する。リュイヌとあわや刃傷沙汰になりかけた。その乱暴狼藉のゆえに、フランス側はハーバートの大使解任を要求。一六二一年八月の終わり、イギリス王室はフランスの讒訴を受け入れ、ハーバートの健康状態（熱病で公務に携わるのも困難）や財務状況（国庫から支給が滞り、債務超過に陥る）を考慮し、ハーバートを一旦イギリス本島に呼び戻す。その後の調査でハーバートの潔白が立証され、しかも、同年十二月、リュイヌはユグノー討伐中に野戦で頓死する。一件落着して、翌二二年一月半ば過ぎ、フランス大使の任務に復帰。本自伝でハーバートの側から活写されるリュイヌ公との確執は、ナントの勅令を有名無実とするフランスの転換点を示すとともに、キリスト教徒がなぜ同じ宗教の異端者（異教徒ではなく）の生命を奪えるのかを自伝の著者に考えさせる契機となっている。

一六二三年二月十八日、英国皇太子チャールズは、スペイン大使ゴンドマルの口車に乗せられてか、フェリペ四世の妹マリア・アナ（ドイツ名アンナ）を皇太子妃に迎え入れようと、バッキンガム侯などを連れてスペインへ出立する。その第一目的は、オランダに亡命中の姉エリザベスの夫プファルツ伯の復権であった。しかし、皇太子一行のスペインへの旅路は非公式な訪問のため、イギリス国内では、英国国教会の皇太子がカトリックに改宗するのではないか、あるいは敵国で暗殺されるのではないかと憶測が飛び交い、国民感情を刺激する。また、一六〇五年の火薬陰謀事件で白日の下に晒されたカトリック復権を目論む地下工作員のモグラを彷彿とさせるかのように、イエズス会士が暗躍する。ただ、当のスペイン側は、故フェリペ三世の遺言で王女マリア・アナは神聖ローマ帝国皇帝フェルディナント三世（もう一方のハプスブルク家）に嫁ぐことになっており、英西の縁組を成立させる気は毛頭なかったらしい。イギリスに縁談をちらつかせたのは、それを餌にフランスと軍事協定を結ばせず、ボヘミアに仏軍を派遣させないための時間稼ぎだったという。ハーバートはこの縁組に反対を表明した。そのためか、駐仏大使のハーバートには、皇太子チャールズが花嫁を求めてマドリードに向かうのにパリを経由するとは知らされていなかった。エドワード・ハーバートの眷顧者、第三代ペンブルック伯ウィリアム・ハーバートはプロテスタント派閥の領袖として旗幟鮮明な反スペインであり、スペインの王女を迎え入れることを色メガネで見ていたことも影響しているかも知れない。同年五月十八日、バッキンガムはマドリード滞在中に婚約条項締結の功を見込まれてか、侯爵から公爵に陞爵《しょうしゃく》される。同年七月二十日、内密の条項付きで英西の婚姻条約がまとめられる。その条項には、皇太子チャールズはカトリックの教義を受け入れ、王女マリアとの間に子をなせば、その子供はカトリック信仰のもとで養育する、さらにイギリス国内でご法度となっているカトリックの信仰を公に認める、という屈辱的な内容が含まれていた。しかも、念願のスペインによるボヘミア問題への介入は無視された。皇太子やバッキンガム公は宗教と政治の狭間で背に腹は代えられぬと譲歩したのに、義兄プファルツ伯の復権が見込めないことに業を煮やし、破談を覚悟。八月三十日、皇太子らは代理に駐西大使ブリストル伯ジョン・ディグビーを残し、マドリードを発った。十月五日、このお忍び道中で王女の花嫁を伴わずイギリスはポーツマスの港に戻る。英国民は、皇太子の無事帰還を知り、胸をなでおろすとともに対スペインの機運が一気に加速し、歓喜に沸いたという。

年が明けて一六二四年になると、ジェイムズにもスペインの本意が判ってきた。スペインは王女を嫁がせる意図はないばかりか、もう一方のハプスブルク家の皇帝軍に叛旗を翻しドイツに軍事介入することもない。呑めない要求を突きつけ、脅迫に屈すれば自分たちの都合で縁談を引き延ばす作戦、つまり、皇太子は老獪なスペインの権謀術数にまんまと嵌ったと。青年の皇太子チャールズとは違い、フェリペ四世の寵臣オリヴァーレス伯公爵は、海千山千のマキャベリストだった。バッキンガムは手ぶらで帰英したあと、英国民が歓喜に酔いしれるのを目の当たりにして潮目を見極めたのか、老いさらばえたジェイムズを丸め込み、対スペインへ反転する。ここに来てようやく及び腰の国王ジェイムズも、ドイツの傭兵隊長マンスフェルトに軍資金を用立てプラハに派兵する決意を固めるも、遅きに失した（実行されたのは、十月過ぎ）。バッキンガムなどは、プロテスタント派の政敵ペンブルック伯と手を組み、庶民院を味方につけ、スペインとの戦争を煽る始末である。皇太子の花嫁候補も、水面下でフランス王家に舵が切られた。この頃までには、ルイ十三世の妹のうちエリザベート（イザベル）とクリスティーヌ・マリー（マリー・クリスティーナ）は、それぞれスペインとサヴォイア公国に嫁いでいた。したがって、花嫁候補として白羽の矢が立ったのは、残っていた末妹アンリエット・マリー／ヘンリエッタ・マライアである。しかし、ハーバートは、同じ轍を踏むのを避けるため、婚約を整える前にフランスによるプファルツ伯への援軍を担保すべきと進言した。大使とは、本自伝に登場する外交官で詩人のヘンリー・ウォットンの言を借りると、祖国のため海外で嘘をつくのに派遣される正直者であるという(3)。しかるにハーバートは、祖国はおろか自身のためとはいえ平然と嘘はつけぬ正直者であった。英国王室は破談をおそれ曖昧なまま縁談を進めるべく、新たに特命大使をふたり立てた。

ハーバートは四十一歳のとき、一六二四年四月十四日付で、フランス大使の再任を解かれる。お役御免となったあと、大使罷免の不名誉が重く圧し掛かったのか、このあたりで自伝の記述が中断される。伝記を再開する心算があったのかどうかさえ、定かではない。解任されたあともしばらくパリに留まった。結局、イギリスの大地を踏むのは同年七月二十四日である。大使の激務の合間を縫って推敲を重ねた哲学書『真理について』（ラテン語）が出版されるのを見届けたかったのであろう。外交官の経歴に見切りをつけ、学問の共和国、ないしは文芸共和国（十四世紀末から始まる国境を超えた知のコミュニティ）の一員となる覚悟を決めたのかも知れぬ。というのも、彼が生まれる約二十年前の一五六二年、ヨーロッパの精神世界に衝撃を与える一冊の翻訳が世に出ている。古代ギリシアのセクストス・エンペイリコスの『ピュロン主義哲学の概要』のラテン語訳である。ハーバートの処女作は、この翻訳で復活を遂げ、モンテーニュやシェイクスピアに影響を及ぼした懐疑主義に対する彼なりの反論で、あらたに彼独自の真偽弁別の手立てが提唱された。数学者にして神学者のマラン・メルセンヌが仏訳するなど注目はされたが、ガッサンディやデカルトの手厳しい批判にさらされた(4)。

一六二四年七月に帰英したものの、パリでのご奉公に対する報賞は、即座に賜ることはなかった。ジェイムズ王およびバッキンガム公ともに、ルイ十三世の勘気を恐れたのかも知れない。同年八月五日、グローブ座で国王一座によりトマス・ミドルトン作『チェス・ゲーム』の幕が切って落とされる。黒（スペイン）と白（イギリス）の駒の動きをアレゴリー仕立てに、国家転覆を地道に謀るモグラや蝗《イナゴ》の群れと恐れられたイエズス会士による、カトリック復権に向けたイギリス国内での暗躍を舞台に載せた。ロンドンの庶民からは、拍手喝采を浴びた。スペイン側の猛烈な抗議で、同月十四日に王の命で枢密院により劇場が閉鎖された。上演を許可した宮廷祝典局長は、ハーバートの弟（六男）サー・ヘンリー・ハーバートであった。十二月に英仏の婚姻条約ため、フランスから公使が渡英。その調印を見届けるためドーセット伯エドワード・サックヴィルが派遣され、エドワード・ハーバートも同行する。その下働きから、十二月も大晦日、三十一日、アイルランドの貴族の一員（男爵）に列せられる。だが、その所領（マンスター地方ケリー州［県］キャッスルアイランド）は、妻メアリーが遺産として引き継いだもので、名目に過ぎなかった。翌年一六二五年三月には、ジェイムズ一世が崩御、皇太子のチャールズが王冠を戴く。一六二七年六月、母マグダレン・ハーバート・ダンヴァーズが死去。詩人で弟（五男）のジョージ・ハーバートとは違い、長子エドワードは追悼詩を編むことはなかった。

一六二八年八月、政界での頼みの綱であったバッキンガム公が志半ばで兇刃《きょうじん》に斃れると、ハーバートの出世栄達に暗雲が垂れ込める。しかし、チャールズ一世にイギリス貴族叙爵の嘆願を続け、パトロンの第三代ペンブルック伯の仲介もあり、翌二九年五月五日、チャーベリーの初代男爵位を授けられ、念願のイギリス貴族の一員に列せられる。称号は、チャーベリーのハーバート卿エドワード／Edward, Lord Herbert of Cherbury）という。チャーベリーのスペリングに Chirbury も見受けられるが、それは祖父エドワード・ハーバートが手に入れたモントゴメリーに境を接するシュロップシアの所領の地名である。だが、ハーバート自身は男爵位としては自署に前者の綴り（Cherbury）を使っている。本来であれば、故郷ウェールズで人に知られた父祖伝来の地、モントゴメリーやポウィスに因む爵位を欲したであろう。だが、前者のモントゴメリーはペンブルック伯の弟フィリップ・ハーバートがすでに伯爵位を授けられており、後者のポウィスはハーバートの受爵から一ヵ月後にペンブルック伯の従弟で伯爵と同名のウィリアム・ハーバートが伯を叙爵。借財に苦しむハーバートは、相当額の金子をいち早く用立てることができなかったのか。

一六三〇年には、ラ・ロシェル包囲戦（仏国王軍によるユグノー弾圧、一六二七年から二八年）の掩護で莫大な損失と人的被害を出した亡きバッキンガム公を弁護する『レ島遠征』（ラ・ロシェル西方の島）を仕上げた。この遠征記は、国王チャールズの依頼を受けバッキンガムが遺したメモを基に書き始め、イギリス側から見た事実と相違する文書（ラテン語）がフランスで公刊されるに及び、信義にかられてラテン語で反駁した。さらに一六三二年には、やはり当君主の勧めで、ヘンリー八世の伝記と歴史に着手（史料編修に助手を雇い、十年の歳月を要する。一六四二年には完成するものの、内乱のため出版されたのは一六四九年）。一六三四年十月、パリ随伴を拒んだ妻メアリーが死去。一六四〇年には、内戦の前兆となる不穏な空気が漂う中、ヨークで御前軍事会議の一員として招集される。だが、前王の置き土産たるハーバートに耳を傾ける幕僚は稀で、郷里に戻り隠遁生活に入る。

一六四二年、奇しくもイギリスでは内乱が勃発して、必然的にエドワードもそれに巻き込まれていく。貴族の一員として王党派に属し軍事会議にも召集されたが、双方に距離を置いた。中立は悪意とする輿論が高まり、二枚舌や両刀使いと陰口が横行する中、一貫して信念を枉《ま》げなかった。若かりし頃、フランスでご贔屓を得たモンモランシー公爵（初代アンリ、カトリックの穏健派、サン・バルテルミの虐殺のあとラングドックでユグノーを支援）に感化され、ポリティーク派の思想が身に染みていたのかも知れぬ。[5] 異教徒・イスラム教徒を除き、同じキリスト教界で新教か旧教かで異端か正統かを決するのではなく、つまりどちらか一方を根絶するのではなく、国家の発展のために融和を以て一致協力するという寛容の精神に基づく人生哲学であったと推察される。翌四三年頃、ハーバート卿が還暦を迎えるに当たり回想録を書き始める（口述筆記であった可能性は否定できない）。だが、内戦の足音がウェールズの古城のすぐそこまで訪れる。宮廷祝典局長の弟ヘンリー・ハーバートやハーバート卿の跡目を継ぐ長男リチャード・ハーバートも王党派で、その身近な親族が国王軍の司令官プリンス・ルパート（エリザベス選帝侯妃の三男でチャールズ一世の甥）のため騎兵隊を招集する。一方、ハーバート卿自身はといえば、一六四四年二月、国王軍のためモントゴメリー城（築城に通じた領主だけに難攻不落の要塞の呼び声も高かった）に守備隊を置くとのルパートの要求を拒否。一六四四年八月、議会軍の少将サー・トマス・ミドルトンが北ウェールズでルパート軍を蹴散らし、モントゴメリーへ進軍。身の安全と財産の保全を確約の上、ハーバートに城を明け渡すよう要請する。翌九月四日の深夜、（上役の指令か不明だが）ミドルトンの部下が城を襲撃、上を下への大騒ぎ。同月五日昼過ぎ、保身と書庫確保のため、古城の接収を受け入れる。静観もできず脅迫に屈する形になったが、この頃、ハーバートは幼児のとき罹患した膿の流出がぶり返し、片目は見えず、もう一方も失明のおそれがあり、一刻も早くロンドンの名医（テオドール・ド・マイエルヌ）に診てもらう必要性に迫られていた。[6] また、城内での流血沙汰を避ける責務もあった。だが、そんな事情は近隣の血気盛んな王党派にはどこ吹く風で、卿の裏切りに逆上し古城を包囲。ハーバートは議会軍の保護のもと城を出る。王党派には、貴族院のハーバートが手のひらを返して逐電した、と映ったに相違ない。

出奔先のロンドンでは、クイーン・ストリート街の館（カムデン・ハウスか）で観想的な生活を営む傍ら、著作に励み、海外の学者らと文通した。一六四七年夏の終わり、名医マイエルヌの勧めで、湯治にベルギーのスパやフランスの保養地を訪れる。帰りにパリに立ち寄りメルセンヌやピエール・ガッサンディと会う。一六四八年八月一日に作成された卿の遺言によると、モントゴメリー城所蔵の書物と地所の大半は、孫のエドワード・ハーバートに譲るものの、条件として書物は譲渡・売却をしてはならず、さらには城から貸し出しもせぬようにと釘を刺すとともに、ロンドンに持参したギリシア語とラテン語の書籍は、オクフォード大学のジーザス・コレッジ（卿が幼き頃に師事したセルウォル氏の子息が学寮長を務める）に寄贈せよとのこと。一六四八年八月五日歿。(7) 享年六十五。ウェスト・エンドにあるセント・ジャイルズ・イン・ザ・フィールズ教会に埋葬された。チャールズ一世処刑の年、一六四九年六月、議会よりモントゴメリーの城に対する破壊命令が発出された。城石も売却された。桜草の花咲く丘に佇む古城は今いずこ。

本自伝の諸相

本書は、先に述べたとおり、著者が生涯を時系列に記したものではない。様々なジャンル、例えば、騎士道物語、旅行記、武勇伝、ロマンス（色恋沙汰）、教育論、宗教・政治談義、人生哲学、処世術、道徳哲学、寛容論などのごった煮である。

年代記や日誌はさておき、内省や自己主張を伴う回顧録や回想録それに自叙伝に必ず現れる、いわゆる付き物、つまり余論や脱線が、本自伝にも挿入される。本編で瞠目に値するものとしては、通常教育に関する所見と、武勇伝とがある。前者については、エドワード・ハーバートが過去に受けた教育を回顧する中で、子孫末裔の行く末を慮り教育課程とともに処世術や遺訓を示す。当時のジェントリー階級の子弟が、家庭や学校で、あるいは家庭教師やチューターにどのような訓育や教育を受け、ジェントルマンの鑑を目指したのか、地方エリート（アングロ・ウェルシュ）の理想を具体的に知るひとつの資料である。それればかりか、時代背景に照らすと、つまり十六世紀の終わりから十七世紀の半ばにかけて貴族やジェントリー階級の子弟が大挙して大学に押し寄せ、教育改革が声高に叫ばれ大きな変革がもたらされた状況を踏まえると、当時の教育制度に対する示唆とも受け止められよう。ハーバートによると、諸言語の習得は真の世界市民へのパスポートであり、語学習得が学問の土台であるとともに、偏見を持たぬ国際人育成の基本であるという。グラマー・スクールで盛んに仕込まれるラテン語については、当代の多くの識者と同様、その子供たちに与える弊害から、ギリシア語を先に学ばせよと提案している。自由七科（リベラル・アーツ）を踏まえた上で、哲学、論理学、数学、博物誌、本草誌、地理、天文、解剖、弁論術や修辞学、占星術や錬金術、築城それに道徳や宗教や神学など心と身体、人間と神の両方に関係する多方面の学問や学科の紹介と修得目的、さらには剣術や馬術の武術や舞踏などの学芸の習得方法とそれに添えられる寸評も興味深い。また、例えば、医学の話に付随して語られる、ハーバート家の父から子へ相伝する病、結石や胆石の治療法の伝授は、子孫には役立ったに相違ない。

遺訓として特筆すべきは、寛容の精神である。父祖伝来の癇癪を克服できないまでも抑制する方策を授ける。ハーバートは少年時代にウェールズ語の習得を兼ね、母方の実家を離れ父方の郷里に遣られる。家庭教師のセルウォル氏は教え子に怒りをぶちまけず、瞋恚《しんい》の炎《ほむら》を見事にコントロールしたという。その恩師の背を見て、怒りの抑制と赦しを学んだのであろう。ハーバートは子孫に寛容の重要性を説くにあたり、具体的な事例とともにメタファーを以て説得する。

一　他人《ひと》を赦せない者は、自ら渡る橋を壊す徒輩《やから》である。人はすべて赦されて然るべきである。

二　完全無欠の徳を有していない、あるいはそれに至る途上では、その足りない点が次のように補われる。他人の悪業を赦せば、紛れもなく円満具足した己が徳の完成に至る。したがって、その行為は、他人のお金で自分の借金を返すようなものである。「他人の褌《ふんどし》で相撲をとるがごとし」

三　他人を赦すことは、すべての人が行なうべき必須の振る舞いである。その理由は、正義や愛それに賢明な行為を行なわなくとも、別のだれかが自分の代わりに行なってくれるが、敵《かたき》を赦せるのは自分だけであるから。

上記三項は、エドワードの処世術としても興味をひくが、後に彼が旧教徒による新教徒の弾圧、逆に新教徒による旧教徒の迫害を考究する基盤ともなっている。

次に、戦争の手柄や決闘を描く武勇伝には、決闘や私闘は当時ご法度になっていたが、前時代を引きずる遍歴の騎士さながら弱きを助け悪を挫く姿が描かれる。ハーバートの言葉でいうと、スペイン騎士道の華「アマディス・デ・ガウラ」を彷彿とさせるものの、意図的に笑いを取る目的があったわけではない。十八世紀イギリスの一般読者のように、著者本人が大まじめに語る口調に道化を見るとしたら、自伝全体の趣旨を取り違えているだろう。ドン・キホーテを演じているのではなく、騎士の鑑を体現しているのである。セルバンテス（一五四七―一六一六）は『ドン・キホーテ』後編（一六一五年）のクライマックスで、騎士道の華を散らす、いわゆるパリノード（前言撤回）で締め括っており、当初より遍歴の騎士（の成れの果て）を笑い者に仕立てる意図があったようだ。ドン・キホーテは人生のあらゆる分野で深い知識と経験を有し、他人には情理を尽くして道徳と道理を解く御仁だが、ところがいざ騎士道のことになると、とんでもない所業に及ぶ狂気の沙汰は、読者の腹を捩らせる効果抜群でセルバンテスの企みは大成功を収めている。さらに、『ドン・キホーテ』の登場人物の多くが、人相風体や言葉遣いから、主人公の狂気を察しながらも老騎士をおちょくり嘲笑のネタにする場面の数々は、世路の辛酸をなめ尽くしたセルバンテスの人柄が表れているように思えてならない。しかしながら、ハーバートの自伝では、バースの騎士として立てた誓願に束縛される正直者のお人好しで、その意味では現代人の目からみて失笑を禁じ得ないものの、その滑稽さはハーバートが仕組んだことではなく、子孫末代の恥を承知のうえで自らを戒めるとともに、子孫には赤裸々に愚行を晒すことによって他山の石とせよとの、微笑ましい正真正銘の親心に由来する。スペインで十六世紀の半ば、騎士道物語の人気が一段落して、それに代わって流行し始めたピカレスク小説で、悪漢が反面教師として自分の生涯を一人称で語るのに似ている感じがする。つまり、ハーバート卿が己の半生で描く人物像は、額面通りに受け取ることはできず、決して外交官のそれではない。卿は自らも偽ることをせず、その意見や判断を隠すこともない。自分の考えを公言し、言葉は自分を偽るために使用されず、廉直なこころの持ち主を嗤《わら》うわけにはいかぬ。

例えば、眉目秀麗と自惚れる男ハーバートが巻き込まれる刃傷沙汰などは、当時の恋愛事情や痴情のもつれを知る上で瞠目に値する挿話であるが、腹を抱えて嘲《わら》うわけにはいかない。嫉妬に狂う夫、それも貴族の子弟による流血事件である。政略結婚で若くして姉女房をもらった色男エドワードは、閨で夫唱婦随とはいかなかったようで（フランス大使就任にあたり妻のメアリーは病を理由に渡仏を固辞)、自伝で夫婦の契りを破ったことはないと天地神明にかけて誓えば誓うほど眉唾に聞こえる。プラトニックか否かは杳として不明だか、色恋沙汰を匂わせる艶談から推して知るべしである。間夫だと誤解され衆人の前で命を狙われた。不義密通の廉で他人の恨みを買うとは、かくあるのかと訝るほど、かなりリアルで生々しい描写である。また、人の命を狙う襲撃の一挙手一投足が、手に取るようにわかる。時代劇の殺陣《たて》と較べると、ぎこちない剣さばきだが、それがかえって真実味を増す。寝室の闇で交わされる不貞行為を、鵜の目鷹の目で探るある貴顕紳士が、のちの時代、十九世紀半ばに創設される(旧)ロンドン警視庁本部スコットランド・ヤード界隈で、白昼堂々と繰り拡げる暗殺未遂事件だけに、なんとも皮肉なエピソードであるが、事は深刻である。

ところで、母親マグダレンだけではなくエドワード本人とも親交のあったジョン・ダンは、書簡詩「ジュリアーズにいるサー・エドワード・ハーバートに」で、ハーバート卿の活躍ぶりをこう評する。「君が以前から口癖のように言っていたこと、つまり、/俺は人間を知っている、という主張は正しくもあり大胆不敵だ。/その主張を信用できると思わせるのは、君があらゆる/名著を読んでいることだ。いや、君自身が一冊の名著だ。/君の行動に、人となりが読み込める(後略)(8)」。たしかに、卿の描いた生涯は、それ自体一巻の書物である。しかし、この半生に描かれた人物像がハーバートのすべてではなく、ひとつの相を表しているに過ぎない。自伝で主に描かれるルネサンス最後の騎士像だけを念頭に置くと、ハーバートの外交官のしたたかさ、歴史家の客観的視座、リュートを奏でながら瞑想する哲学者の沈思黙考の静謐を見誤り、さらには真偽を弁別し仲保者を痛罵した神学者の峻厳を見損なってしまう危険性がある。

著者の風貌と気象

エドワード・ハーバートの風貌と気象について簡略に触れておく。ウェールズの父方譲りで、髪と顎鬚が黒く、肌の色は浅黒かった。その外貌から、ダーク・ロード (Dark Lord) との異名をとる。(9) この「ダーク」は、外面と内面の両方に通じるようだ。自伝によると、眉目秀麗で艶聞が絶えなかったらしいが、その真偽のほどは現存する肖像画から判断するしかない。他人の胸中は測りがたしで、ハーバートが心に闇を抱き教会制度や聖職者を痛烈に批判したのか、あるいは単に理性の力を信じ痛罵したのか判然としない。ただ、詩の題材にダーク・レディ (色黒の女性) を扱い、崇め奉ったのは事実である。イタリアでの女性経験に基づくのか、あるいは文学的な虚構で、ベン・ジョンソンの『黒の仮面劇』やウィリアム・シェイクスピアのソネット集に感化されたのか定かではない。もしくは、その通り名は、祖父の館ブラックホールに由来するのかも知れない。

決闘や私闘は、ハーバートの血気盛んな青年時代、先に触れたように、大陸をはじめイギリスでも禁止令が出ていた。闘いの勝者が正義だとする神名裁判や争いごとは己の手で解決する自己救済の考え方は廃れ、また体制の法秩序崩壊や無駄に命を奪うことで経済的な損失を嫌う当時の君主により禁止された。それでも、自伝に描かれるとおり、エドワードは何度か果たし状を送り尋常の勝負を挑んでは、当局に阻まれている。卿本人の気性のなせる業で、兇状持ち《きょうじょうも》ちではないが、すぐにカッとなり血が煮えたぎると、怒りの炎を身体の外に出さずにはいられないらしい。さらに騎士としての誓願を果たす信義に則り、窮地に陥った貴婦人を助け、親族の名誉や体面を保つため、決闘状を送りつけることを余儀なくされる。本人が半生で認めている如くである。ただ、興味深いのは、ハーバート家十名の兄弟姉妹のうち、五男で田舎牧師にして詩人ジョージ・ハーバートの人物評を差しはさむ際、世間から信仰が篤く従順な国教徒と思われがちだが、家系的に癇癪持ちだと暴露する寸評である。この父祖伝来の欠点は、ジョージ・ハーバート自身も意識していた。一歳違いの弟六男ヘンリー（後の宮廷祝典局長）に宛てた私信の添え書きに残っている。「兄（エドワード）は、幾分か同じ癇癪持ちで、おそらくは私より少し穏やかです。だが、君にほとんど分からないでしょう。[10]」二十世紀イギリスの小説家オルダス・ハクスリーは、ジョージ・ハーバートの詩集の中に、例えば「首輪《カラー》」に癇癪玉を見出し、イギリスの風土に似て変わりやすく不安定で、霜、日の光、回復の兆しなし、日照りそして慈雨へと、気象が激変する詩人とジョージ・ハーバートを評する。[11]おそらくジョージの場合は、神との対話をモチーフとする詩作を続ける中で、父祖譲りの癇癪が焼鈍《やきなまし》の処理を施されたのであろう。一方、兄エドワードは、子供のころ薫陶を受けた家庭教師セルウォル氏が激情をコントロールする姿を鑑として、とうてい真似できないと言いつつも、実践してある程度成功を収めていたのかも知れない。

ちなみに、長子で長男エドワード・ハーバートが家族の肖像を描くとき、十人の弟妹のなかで末っ子トマスの人物描写が、ほかの弟たちより分量が多く筆が精彩を放っているのが気にかかる。たしかに七男トマスは、父リチャード・ハーバートの死後生まれた忘れ形見である。海軍で活躍した司令官の肩書を持つ。トマスの一番の勇姿は、何といっても、一六二三年、バッキンガムとともに花嫁を求めてスペインへ出かけたチャールズ皇太子をマドリードに迎えに行く艦隊の一艦を指揮したことであろう。一方、五男のジョージは、現在でも名の知れた国教会の教区牧師にして宗教詩人で、蒲柳《ほりゅう》の質で四十歳を目前に肺結核で命を落とした。慈母の厳命を死守し、イギリスの島を出ることは生涯一度もなかった。武勇で名を馳せた七男のトマスと較べると、格段に描写が短い。ジョージ・ハーバートの研究者や信奉者としては、さらに長い五男の人物像があればと悔やまれるが、長兄エドワードはドン・キホーテが正気のとき何度か垂れる尚武の信条と同様、文武二道のうち後者に重きを置いていた証左であろうか。

書名について

エドワード・ハーバートの半生を描いた伝記が日の目を見るのは、執筆から百年以上経った一七六四年のことである。同年出版のゴシック小説『オトラント城奇譚』の作者ホレス・ウォルポール（政治家ロバート・ウォルポールの三男）が、貴族のお蔵で眠るマニュスクリプトを偶然発見して、自前の印刷所ストロベリー・ヒルから、『チャーベリーのハーバート卿エドワードの生涯』(*The Life of Edward Lord Herbert of Cherbury*) のタイトルで出版した。ハーバート家の子孫より手稿の写しを渡された当初、あまり興味をひくことはなく放擲したという。（特に前半は、家系譜と人物評やジェントルマンの理想と教訓が説かれ、抹香臭く辛気臭い）だが、夫を亡くし、ふさぎ込むとある婦人を励まそうと、持ち帰った手稿を「田舎の墓地で詠んだ哀歌」（一七五一年）で知られる詩人のトマス・グレイ同席のもと読み聞かせると、先に進めないくらい抱腹絶倒となり、公刊する手はずとなったという。（おそらく、自惚れた冒険活劇を、ドン・キホーテと見誤ったのであろう。先に述べたとおり、笑いの質が違う）末裔の推薦で百年以上の時を経てウォルポールに再発見された手稿のタイトルは、生涯 (Life) で、不名誉な余生が省かれた回想録 (memoir) である。ただ、この Life とい言葉には、当人による伝記および第三者による評伝の両義がある。ハーバート卿の弟で詩人ジョージと同じ年に生まれたアイザック・ウォルトン（我が国では釣りの指南役として知られる）がまとめた伝記集に、『ジョージ・ハーバート氏の生涯』(*The Life of Mr. George Herbert*) があるが、その聖人伝 (hagiography) は、通常ハーバート伝の名で通っている。ハーバート卿自身が編纂した『ヘンリー八世史』(*The Life and Reign of King Henry VIII*) も当人による生涯ではなく伝記である。そもそも、十七世紀イギリスには、自叙伝 (autobiography) にあたる言葉が存在していなかった。語源はギリシア語であっても、十九世紀初めの造語である（オクスフォード英語辞典 [*OED*] の初出は、一八〇九年[12]）。十九世紀の終わり、歴史家シドニー・リーが写字生による誤記やウォルポールの誤植を訂正するとともに、不明瞭な登場人物を特定するなど趣を新たに『自叙伝』のタイトルで復活させた。ウォルポールのセレンディピティ（逸品の偶然の発見）の功績もさることながら、それでもハーバート卿の子孫の推し売りを契機としていることは否めないものの、時流に乗り二版三版と版を重ねた。だが、ウォルポールの当初の憶測では、売れる代物ではないとの値踏みか、初版は僅かに二百部限定であった。しかし、シドニー・リーの版は、ウォルポールの私蔵版とは違い、広く一般の読者層に向けた普及版である。誤記や誤植の訂正はもちろん、編者のリーが続編（ハーバートの後半生）も書き足し、さらには行間を埋めるのに入用な手紙や書簡も添え、完全版を目指そうとした。そのリーの功績を称え自叙伝という訳語は、本訳書のタイトルとしては捨てがたい。また、手稿の写しに記載されたタイトル (*The Life*) が、ハーバート卿自身による自選だという確証はない。あくまでも可能性として、口述筆記者か写字生か、はたまた筆耕の付加であるかも知れぬ。だからと言って、自選を否定するものではない。さらに、十九世紀の終わり近く、編者シドニー・リーの命名による自叙伝は、人目をひく斬新な書名だったことはなさそうだが、揺籠から墓場まで全生涯を指すものではなく、他者が描く伝記や評伝と区別するための用語で、回顧録や我が生涯と同等の意味だった。一八六二年パリで出版された仏訳のタイトルは、回想録 (*Mémoires de Édouard Lord Herbert de Cherbury*) となっている。ちなみに、オクスフォード大学出版局による旅行記と回想録のシリーズの一冊、シャトルワース版（一九七六年）のタイトルは、「本人の手になる生涯」(*The Life of Edward, First Lord Herbert of Cherbury Written by Himself*) とある。こういう次第で、本訳書のタイトルは、大学の紀要に連載した研究ノート（翻訳）では、シドニー・リーの自叙伝を採用したが、日本語では、自叙伝は不特定多数の読者一般に向けて体験や信条を饒舌に述べるものを指し、一方でハーバートの半生は、主として子孫の薫育のため経験や信念を伝えることを目的としていることから、表題を後者の体裁から自伝と改めた。

（1） 解説に翻訳の底本としたシドニー・リー編の『自叙伝』の他、以下の書を参照した。J.M. Shuttleworth (ed.), *The Life of Lord Herbert of Cherbury* (London: Oxford University

Press, 1976); Margaret Bottrall, *Every man a Phoenix: Studies in Seventeenth-Century Autobiography* (London: John Murray, 1958), pp. 57-81; R.D. Bedford, *The Defence of Truth: Herbert of Cherbury and the Seventeenth Century* (Manchester: Manchester University Press, 1979), pp. 1-25; Eugene D. Hill, *Edward, Lord Herbert of Cherbury* (Boston, Massachusetts: Twayne, 1987); John Butler, *Lord Herbert of Chirbury (1582-1648): An Intellectual Biography* (Lewiston, New York: Edwin Mellen, 1990); Robert E. Ruigh, *The Parliament of 1624: Politics and Foreign Policy* (Cambridge, Mass.: Harvard University Press, 1971); Simon Adams, “Foreign Policy and the Parliaments of 1621 and 1624,” in *Faction and Parliament: Essays on Early Stuart History*, ed. Kevin Sharpe (1978; rpt. London: Methuen, 1985); T.H. Howard-Hill (ed.), Introduction to *A Game at Chess* by Thomas Middleton (Manchester: Manchester University Press, 1996); Christine Jackson, *Courtier, Scholar, and Man of the Sword* (Oxford: Oxford University Press, 2021); Greg Miller and Anne-Marie Miller-Blaise (edd.), *Edward and George Herbert in the European Republic of Letters* (Manchester: Manchester University Press, 2022). H・ボーツ／F・ヴァケ『学問の共和国』池端次郎・田村滋男訳（知泉書館、二〇一五年）、川成洋（編者代表）『ハプスブルク事典』（丸善出版、二〇二三年）。

（2）エドワード・ハーバートは、生まれた場所と時刻は自伝に明示しているのに、年月日は記していない。ただ、誕生日は、自伝とは別の資料、本人の手になる詩のタイトル「三月三日の誕生日によせて」（ラテン語）で判る。自伝に生まれた年号を書かなかったのは、単なる手抜かりとも考えられず、ハーバート本人が故意に隠したのではないかと疑いたくなる。年月日を明かさなかったとすれば、考えられる理由は何か。ひとつには、父親が死んだとき未成年で、後見裁判所に実年齢より年長と親族に申告されたのであろうか。あるいは、同族政略結婚で姉女房をもらったが、その年齢差を実際よりも少なく見積もらせる方便だったのではないか。それらの類推とは別に、そもそも自伝には、人生の転機となる出来事に年齢が添えられているものの、満年齢か数えかも定かではなく、それを基に生まれた年を逆算すると、それらは自己撞着している。だが、著者の人生を論じる場合、本人の年齢のゆらぎとは別に、多少とも客観的な目安が必要であろう。したがって、翻訳の底本とした権威シドニー・リーにならい、生誕年を一五八三年とした。一方で、生誕の年を、その後の研究でシドニー・リーを修正し、一五八二年とする表記も見受けられる。この説は、ハーバート家の長女エリザベスの洗礼記録に根拠を置く。一五八三年十一月五日。十人の子を儲けた多産の母親マグダレンであったが、さすがに同じ年の三月に長男エドワードを出産し、残り九ヵ月間のうちに長女を出産するのは無理があることから、長男エドワードを一五八二年生まれと推定する。確かにエリザベスが早産の可能性がないとも言えないが、当時の生活環境から、月足らずの彼女が生き延び子を儲けるまで成長するのは、ごく稀であったろう。長女エリザベスは、結婚して三人の娘を出産している。蛇足ながら、当時イギリスはユリウス暦を使っていたが、年の初めとして、依然としてお告げ（受胎告知）の祝祭日である三月二十五日を年初とするのが慣例であった。ハーバートの生年月日は、その往古の風習（イギリス式）からすると、一五八二年三月三日であるが、ローマ式（一月一日方式）だと一五八三年三月三日となる。なお、一月一日から三月二十四日までは、一五八二／三年という年号併記の慣例があったものの、現代の新年を一月一日とする区分に則り、本訳書では、ハーバートの生年月日を、一五八三年三月三日とした。Don A. Keister, "The Birtdate of Lord Herbert of Cherbury," *Modern language Notes*, 62 (1947; rpt. 1969): 389-93; H. Carrington Lancaster (ed.) of *MLN*, Correspondence to "The Birthdate of Lord Herbert of Cherbury," *MLN*, 63: (1948; rpt. 1969): 144. Cf., Eugene Hill, *op. cit.*, p. 121, n.

（3） Izaak Walton, *The Lives of John Donne, Sir Henry Wotton, Richard Hooker, George Herbert and Robert Sanderson*, ed. George Saintsbury (London: Oxford University Press, 1927), p.

121.

（4）Richard H. Popkin, *The History of Scepticism from Erasmus to Spinoza* (Berkeley and Los Angeles: University of California Press, 1979), pp. 151-61 ／リチャード・H・ポプキン『懐疑―近世哲学の源流』野田又夫・岩坪紹夫訳（紀伊国屋書店、一九八一年）、一九四―二〇八頁。イギリス国内では、一六七二年にピューリタンのリチャード・バクスターが非難した。ジョン・ロックの反論については、訳注（25）を参照。懐疑主義については、セクストス・エンペイリコス『ピュロン主義哲学の概要』金山弥平・金山万里子訳（京都大学出版会、一九九八年）、J・アナス、J・バーンズ『古代懐疑主義入門』金山弥平訳（岩波文庫、二〇一五年）を参照。

（5）R.D. Bedford, *op. cit.*, pp. 213-14; John Butler, *op. cit.*, p. 28; Roger A. Johnson, "Wars of Christians against Christians: Herbert of Cherbury's Theological Antidote to Religious Warfare," in *Peacemaking and Religious Violence: from Thomas Aquinas to Thomas Jefferson* (Eugene, Oregon: Pickwick, 2009), pp. 180-85. 序でながら、平和主義者のエラスムスは、反戦の立場からキリスト教徒が骨肉相食む愚を説いた。どうしても人間の性として戦争を止められないのであれば、異教徒のオスマン帝国に遠征軍を送るように指南する。箕輪三郎訳『平和の訴え』（岩波文庫、二〇〇〇年）、七六頁、沓掛良彦・高田康成訳『エラスムス＝トマス・

モア往復書簡』（岩波文庫、二〇一五年）、三八六―八七頁参照。

（6）*Herbert Correspondence: The Sixteenth and Seventeenth Century Letters of the Herberts of Chirbury*, Powis Castle and Dolguog, formerly at Powis Castle in Montgomeryshire, ed. W. J. Smith (Cardiff: University of Wales Press, 1968), p. 125. Cf., Jackson, *op. cit.*, p. 327.

（7）従来の通説では、ハーバートの亡くなった日付は、（一六四八年）八月二十日。Dunstan Roberts, "The Death of Lord Herbert of Cherbuty Revisited," *Notes and Queries*, 63, no. 1 (2016): 44-45; Jackson, *op. cit.*, p. 336 n.

（8）John Donne, *The Complete English Poems*, ed. A.J. Smith (London: Penguin, 1980), pp. 218-19／『ジョン・ダン全詩集』湯浅信之訳（名古屋大学出版会、一九九七年）、三二九―三三一頁。

（9）伝記作家ジョン・オーブリーは、「エドワード・ハーバート小伝」で、「色の黒い人」という。*Aubrey's Brief Lives*, ed. Oliver Lawson Dick (1957: rpt. Jaffrey, New Hampshire: David R. Godine, 1999), p. 134／『名士小伝』橋口稔・小池銈共訳（冨山房、一九七九年）、二一七頁。また、ハーバート卿が本国や大陸で収集したリュート音楽の手稿譜に基づき、現代に蘇らせ演奏を収録したＣＤのタイトルに「ダーク」が使われる。Martin Eastwell, *The Dark Lord's Music* (Music and Media MMC 117, 2018).

(10) Hutchinson (ed.), *The Works of George Herbert* (1941; corr. rpt. Oxford: Clarendon Press, 1945), p. 366. Cf., Amy Charles, *A Life of George Herbert* (Ithaca, New York: Cornell University Press, 1977), pp. 77-78; Powers-Beck, *Writing the Flesh: The Herbert Family Dialogue* (Pitsburg: Duquesne University Press, 1998), p. 121.

(11) Aldous Huxley, "Herbert is the poet of this inner weather," qtd. in *George Herbert and the Seventeenth-Century Religious Poets*, ed. Mario A. Cesare (New York: Norton, 1978), p. 233. ハーバート家と親戚で本家本元「比類なき兄弟」の弟、第四代ペンブルック伯フィリップ・ハーバートも、妻レディ・アン・クリフォードの証言によると、癇癪玉を常々炸裂させていたという。*Anne Clifford's Great Books of Record*, ed. Jessica L. Malay (Manchester: Manchester University Press, 2015), p. 815.

(12) A・モミリアーノ『伝記文学の誕生』柳沼重剛訳（東海大学出版会、一九八二年）、一二三―一二四頁。

訳者あとがき

エドワード・ハーバートの贈り名に関して、これまで敢えて言明を避けてきたことがある。それは、彼の哲学者・神学者としての一面に関する呼称である。二つ名（初代）チャーベリーのハーバート卿エドワードといえば、それらの分野では、必ず枕詞のように「イギリス理神論の祖」と冠せられる。[1] それとともに、卿が案出した宗教を存立させる五項・箇条が引用されることしばしばである。本訳書49頁、訳注（25）参照。

一　唯一の神が存在すること。
二　神を礼拝すべきであること。
三　神に仕え神を礼拝する最高の方途は、信愛の神に恭順の意を表し、善行を積むこと。
四　己の罪を悔い改め、一途に神に帰依し正道に戻ること。
五　現世と来世ともに褒賞と懲罰があること。

訳者は英文学研究者一統の末席に連なる者で、はたしてこの呼び名は正鵠を得たエドワードの属性といえるのか、判断できない。門外漢の私に、神学や哲学・思想史プロパーの領域に関する事柄を扱う資格はなさそうだ。素人の理解では、理神論といえば、今日、一般的には（定義にも幅があるが）、神によるこの世の創造を認めるが、神の摂理や啓示を認めない立場である。だが、ハーバート卿の場合、一柱の神による天地創造を容認しているだけではなく、摂理や啓示も受け入れている。卿が『真理について』（第九章）をはじめ複数の書物で開陳した、前述の「宗教の五箇条」の第一項から、造化の神やデミウルゴスなど如何なる名で呼ぼうとも、多神ではなく唯一神を信じる有神論の立場であることは明らか。また、同上第五項をみると、人間について魂の不滅が暗黙の前提となっている。これらの点で、ハーバート卿はエピクロス派（当のエピクロスは神の存在を認めていた）やルクレティウスなどの無神論者ではない。しかしながら、神の摂理については、『異教徒の宗教について』で神を時計職人に、この世を機械仕掛けの時計に譬え、匠に創られた装置は宇宙開闢《かいびゃく》以来自律的に動くメカニズムを有しており、神は不在地主の如く月下の世界を放置するという。ハーバート卿が描いた機械式時計は懐中時計ではないにしても、神が定期的にゼンマイを巻くのか、借地人が動力源となるのか気になるところである。なお、神＝匠、世界＝日時計・水時計のアナロジーは、寡聞にしてよく知らないが、すでに古代ローマ、キケローの『神々の本性について』に原型が見つかる。(2) また、第五項の死後の賞罰から、同様に神による恩恵は確信してはいるものの、「真理について」（第八章）ではカルヴァン派の厳格な予定説には異を唱えた。五箇条の第三項の善行の勧めや第四項で示される、悔い改めの重要性から、オランダのレモンストラント派（アルミニウス派）と同様、人間に自由意志を認めていることは明らかである。啓示については、特定の者に個人的にしかも直接的に伝えられることは認めていた。自身でも自伝のクライマックスで、宗門や一般大衆の無知から生じる迫害を予期して自著の出版を躊躇い思案に暮れたとき、承認の天啓を仰いだ（人は、往々にして単なる事象を自分に都合よく意味付けすることがある。ハーバート卿が自然現象を天のサインと恣意的に解釈したとすれば、迷信の謗りを免れぬか）。だが、その一方で、人伝（聖人や教会や聖職者）に押し付けられる啓示は、信仰や理性に照らして誰が宣ったのか、内容は正しいのかを疑う重要性を力説するとともに、怪しげなものは民衆を惑わす迷信や伝承と退けた（『真理について』第十章）。すなわち、従前の啓示宗教に叛意を翻した。このような次第で、限定的な意味で、（あるいは初期の）イギリス理神論の定礎者と言えるのではないかと思う。しかしながら、ハーバート卿自身においては、様々な分野に造詣が深く、玄人ではなく素人の立場、神学においても平信徒の立場を通すことを任じた（当時ではなく、現代的な観点からすれば、各分野でアマチュアの域を超えているが）。したがって、筆者も卿の流儀に倣い、神学や哲学上の名については、専門家の判断に委ねたいと思う。

贈り名や呼称の問題はさて置き、ハーバート卿の自伝を訳出して思うことは、半生で描かれる著者自身の姿は、理性を以て神の本性を探求し、己が見出した真理に従う行動の人であった。外交官にはそぐわない廉直な人柄でもある。内乱のとき、王党派から議会軍へ投降したとの見方もあるが、書物と人命を守り抜く方便であり、座標軸がぶれたわけではない。変節のカメレオンという汚名は不適切であろう。また、罪を改悛し、懲罰は恐れ報賞を求めて徳行に励む、卿が言うところの普遍宗教の信者であったことは間違いない。ただ、自伝で描かれる卿の姿が、神学や哲学の立場と同じであるかは別問題で、腹話術のペルソナを拠り所として卿の観念や思弁を探ると、辿る道筋を過つ可能性があろう。したがって、ハーバートの半生は、著者の思想や考え方が部分的に表出されているものの、自伝のジャンルの中で味読していただければ、幸いである。

（1）一七四五年、ジョン・リーランドの命名 (the father of English Deism) による。R.D. Bedford, *op. cit.*, p. 240. あるいは「自然宗教の祖」ともいわれる。広義では、理神論と自然宗教とは同義で同じ範疇に入れられることしばしばである。ただ、自然宗教は、この場合、自然崇拝や汎神論とは別物で、啓示に頼らず、理性によって神の本性や本質の解明に尽くす存在論の立場を指す。しかし、狭義では、従前の啓示宗教を必ずしも否定するわけではない点で、理神論と区別されることがあり、注意を要する。Cf. Roger A. Johnson, *op. cit.*, pp. 160-61; ヒューム『自然宗教をめぐる対話』前掲、訳者犬塚元による解説、二三七—二三八頁。

（2）Cicero, *On the Nature of the Gods, Academics*, trans. H. Rackham, Loeb Classical Library

(Cambridge, Mass.: Harvard University Press, 1979), p. 207／キケロー『神々の本性について』山下太郎訳『キケロー選集11』（岩波書店、二〇〇〇年）所収、一四五頁。Cf. *Pagan Religion: A Translation of* De religion gentilium, trans. and ed. John Anthony Butler, *op. cit.*, pp. 275-76; Powers-Beck, *op. cit.*, pp. 154-55.

本書に収めた邦訳は、城西大学語学教育センター研究年報の第十一号から第十六号まで、研究ノートとして、エドワード・ハーバート『自叙伝』（翻訳）の名のもとに連載された。訳文を練り直す機会に恵まれた。既出のサブ・タイトルと公刊年月を挙げる。

(1)「先祖と親兄弟の肖像そして誕生譚」（二〇一九年三月）
(2)「幼年期から思春期、そして通常教育に関する所見（前編）」（二〇二〇年三月）
(3)「通常教育に関する所見（後編）、そして遍歴の騎士時代」（二〇二一年三月）
(4)「大陸での武者修行、そして嫉妬に狂う貴顕紳士による襲撃事件」（二〇二二年三月）
(5)「ヨーロッパにおける職業軍人の経歴とフランス大使就任」（二〇二三年三月）
(6)「ルイ十三世時代における駐仏英国大使の外交交渉と自著出版」（二〇二四年三月）

上記の拙訳をもとに、若干加筆修正を施した。但し、本書所収の解説は書き下ろしである。

同様に非常勤先の神奈川大学平塚・みなとみらい図書館のリエゾンスタッフ、よび言語研究センターの事務方には、文献複写や洋雑誌の借り受けのことでお世話になった。それらの資料は、エドワード・ハーバートの生没年に関する疑問を解きほぐすのに大いに役立った。

前回、アングロ・ウェルシュの名門ハーバート家の比類なき兄弟のうち弟で詩人・牧師のジョージ・ハーバートの散文の作品『田舎牧師　その人物像と信仰生活の規範』(二〇一八年)の出版に際して、朝日出版社の近藤千明氏に、また今回、兄エドワード・ハーバートの自伝では、社長の小川洋一郎氏、編集の田家昇氏にお世話になった。この場を借りて、御礼申し上げる。

ハーバートの父方の郷里モントゴメリー周辺にある村落の名前について、そのウェールズ語の発音に当たっては、永田喜文氏(明星大学講師/ウェールズ文学)のご協力に負うところ大で、感謝する次第である。また、大倉正雄先生(拓殖大学名誉教授/経済思想史)より始終貴重な助言と励ましの言葉を賜り、そのお蔭で出版という所期の目的が達成されたことを特記し、衷心より謝意を表したいと思う。もちろん、内容と表記についての全責任は、浅学の訳者山根にある。

最後に、だからといって軽んずるわけではないが、日常の煩いを忘れて訳業に没頭できたのも、内助があればこそ。妻みち子に、この訳書を捧げる。

エドワード・ハーバートの初作で主著『真理について』がパリにて出版され、
その年から数えて四百年の賀を迎える、二〇二四年

山根　正弘

モ行

ヤ行

ユ行

ラ行

リ行

レ行

ヒ行

フ行

ト行

ノ行

ハ行

セ行

ソ行

タ行

チ行

ツ行

テ行

シ行

ス行

キ行

ク行

ケ行

コ行

サ行

索引（地名・事項）

ア行

イ行

ウ行

ヘ行

マ行

メ行

モ行

ヒ行

フ行

ス行

セ行

タ行

チ行

テ行

ケ行

コ行

サ行

シ行

オ行

カ行

キ行

ク行

索引（人名）

ア行

ウ行

エ行

訳者紹介

山根　正弘（やまね　まさひろ）
創価大学非常勤講師
一九六〇年大阪生まれ
一九九〇年創価大学大学院文学研究科博士課程満期退学
共著に、川成洋・吉岡栄一・伊澤東一編『英米文学に描かれた時代と社会　シェイクスピアからコンラッド、ソロー』（悠光堂、二〇一七年）、『英米文学、多彩な文学解釈への誘い　シェイクスピアからシドニー、ソローからトウェイン』（彩流社、二〇二一年）ほか
翻訳に、ジョージ・ハーバート『田舎牧師　その人物像と信仰生活の規範』（朝日出版社、二〇一八年）

エドワード・ハーバート自伝

ルイ十三世時代の武闘派 英国大使の半生

検印省略

2024 年 4 月 30 日　初版第 1 刷発行

著　者　　エドワード・ハーバート

訳　者　　山根　正弘

発行者　　小川　洋一郎

発行所　　株式会社 朝日出版社

〒 101-0065　東京都千代田区西神田 3 - 3 - 5

TEL (03)3263-3321

FAX (03)5226-9599

印刷・製本　　図書印刷株式会社

乱丁、落丁本はお取り替えいたします

ISBN978-4-255-01370-1 C0098

Printed in Japan